丸山孝男 著

英語ジョークの教科書

大修館書店

まえがき

"Laughter is the most inexpensive and most effective wonder drug. Laughter is a universal medicine."

Bertrand Russell

「笑いは，最も安く，最も効き目のある特効薬である。笑いは世界共通の薬なのである。」

バートランド・ラッセル

　本書は，ジョークや笑いを理論的に考察したものではない。ましてや，心理学，言語学の見地から取り扱ったものでもない。そうではなく，少々の解説と日本語訳を付け加え，ジョーク，ユーモア，笑い，ウイットなどを，それぞれのテーマ別に分類した実例集である。

　ぼくが英語のジョークというものを強烈に意識したのは，苦々しく，かつ辛い経験からである。若いときに，ニューヨーク大学に留学したのだが，多分に推測を含め，授業はある程度理解できたものの（より正確に言えば，理解できたと思っていたにすぎない，ということになるか！），教授が授業の合間にポンポンと話すジョークがまるで理解できなかったことである。

　当然，教授がジョークを言うたびに，学生のなかからドッと笑い声が起こるのだが，ぼくには，そのおかしさの意味がまるで理

解できなかった。このときほど焦りを感じたことはない。しかたがないので，オチがわからないのに，おかしいふりをして苦笑いをしたこともしばしばだった。

　同じことが，学生どうしの会話でも起こった。友だちどうしで世間話に花を咲かせたり，ときにはパブで教授を酒の肴にして雑談するときにはよくわかるのだが，英語の母語話者どうしが話の合間に突然いうジョークは，まるで聞き取れなかった。

　ましてや，テレビに登場するコメディアンの，まるで機関銃のように連発する早口のジョークとなると，まったくお手上げの状態であった。

　いまにして思えば，ジョークを理解することの難しさは，おおきくわけて2つ考えられる。ひとつは，ジョークをいうときには早口になることだ。ジョークをだらだらと言ったのでは，パンチ力がなくなり，せっかくのおかしさが半減してしまう。それと，ジョーク，ユーモアによっては，その背景に歴史，伝統，文化，慣習，ことわざ，迷信，同音異義語，語呂合わせ，時事的な事柄が深く関与していることである。

　先日，京王線に乗っていたら，「四人掛け　トラが一頭　横たわり」という川柳が目にとまった。ぼくは，早速，中国と韓国からの留学生にこの川柳を紹介したが，だれも"おかしさ"が理解できなかった。それもそのはず，「酔っぱらい」は，中国では「鬼」に喩え，韓国では，「イヌ」に喩えられるらしいのだ。

　さて，日本人にはユーモアのセンスが欠けているとか，極端な場合には，ユーモアのセンスがないなどと言われるが，この批判は当たらないと思う。それは，上記の川柳ひとつとってもわかる。

　川柳の歴史は古いし，現在もその伝統は脈々と続いている。た

まえがき

だし，日本人と英語を母語とする人たちのあいだでは，なにがジョークの対象になるか，ジョークを言う場面，状況，雰囲気などに決定的な違いがある。

ロンドンの行きつけのパブでビールを飲んでいるときであった。すでに上機嫌の赤ら顔の大柄の男が，ぼくの前に座った。すると，ポケットから分厚い10ポンド札の束をわしづかみにして取り出していうのだ。

「今日はいい仕事をやり終えてな，お金がたくさん入ったんだ。オレのおごりだ。飲みたいだけ飲め。オレはとびっきり腕のいい配管工なんだぜ。本当の名前はRichardなんだが，みんなオレのことをLeakyというんだ」。

こういうなり，彼はおおきなビール腹を揺らしながら，いかにも愉快そうに大声で笑うのである。ぼくも，彼の笑いにつられてというよりも，駄洒落とも言えるこのジョークがおかしくて思わず笑ってしまった。

配管工の仕事と言えば，まず，水漏れを直すことだ。あだ名のLeakyと「漏る，漏りやすい」のleakyとを掛けているわけだ。日本人どうしだったら，こんなことがジョークにはならないであろう。

ホテルではこんなこともあった。ぼくの部屋は10階にあったのだが，エレベーターの調子が悪くなかなか来なかった。最悪の場合，30分近くも待たされた。こんな状態が1週間もつづいた。ある日，たまたま同じフロアでエレベーターを待っていた中年のカップルと雑談したあとに「このホテルのサービスは，宿泊料金が高い割りには最悪ですね」と言ったところ，なんと「エレベーターの故障のおかげで，私たちは会話を楽しむことができましたね」(Thanks to the elevator trouble, we could have a chance to talk with each other.）という思わぬ返事がかえってきたのである。

たしかに,ぼくたちはエレベーターを待っている間,お互いにロンドンの街の情報を交換したりして暇つぶしに会話を楽しんでいたのである。

本書は,それぞれの興味に応じてどこから読みはじめてもよい。収録してあるすべてのジョークが比較的短いものばかりなので,是非暗記してほしい。そして,場面,状況に応じて臨機応変におおいに活用してほしい。

ただし,「なんでこんなことがジョークになるのだろう？」と思われるものもあるに違いない。そんなときには,「甲の食物は乙の毒」(One man's meat is another man's poison.）ということわざを思い浮かべていただきたい。要するに,すぐれて国民性の違いなのである。

ジョークには,さまざまな機能があるが,最大の機能はコミュニケーションの潤滑油としての効用であろう。とくに,会話のはしはしにジョークをはさみ込めば,話し相手との距離がいとも簡単にちぢまるのである。なんど経験しても,この現象だけは不思議というほかに言いようがない。バートランド・ラッセルのいうとおり,「笑いは特効薬」なのかもしれない。

本書を完成するにあたり,じつに多くの人たちのお世話になった。ニューヨーク,シカゴ,トロント,ロンドン,ダブリンのパブで街角でジョークを教えてくれた人たち。新しいジョークを見つけたといって,ファックス,Eメールでジョークを送ってくれたロンドン,ニューヨークの友人たち。

すべての原稿を完成したのち,橋本いさむ氏（俳人）には詳細に通読していただき,数々の貴重なご指摘をうけた。また,英文

まえがき

校閲については，Michael Brown（中央大学教授），Kitahara Kimie, David L. Blanken, Mark A. Valens の諸氏にご協力いただいた。これらの皆さんに深く感謝の意を申し上げる次第である。

最後になったが，本書は企画・構成・編集など，大修館書店編集部の小笠原豊樹氏のご尽力がなければ，日の目を見なかったことは確実である。

小笠原氏には，仕事がスタートしてから完成にいたるまで，絶妙な舵取り役をやっていただいたのである。心から感謝を申し上げたい。そして，ジョークの本ゆえに，飲み屋で一杯やりながらの四方山話は，潤滑油どころか強力なエネルギー源になったことも付け加えておきたい。

著者としてできる限りの努力をしたつもりであるが，内容に思わぬ思い違いや不備な点があるかもしれない。お教えいただければ幸いである。

2002年1月

丸山 孝男

◇本書の構成と使い方

1. 本書は，I.お金と仕事，II.暮らしと世の中，III.恋と人生，IV.学校，V.人さまざま，の全5部からなっています。
2. 各部は，さらにテーマ別に全56の章に分かれます。
3. 部と部の間には、番外編「ジョークとジョークの間」が4篇設けられています。ここでは、テーマ別ではなく、主に形式的特徴に基づいてジョークを集めました。
4. 各章に，「こんなジョークもあるよ」の小コラムを設けてあります。ここでは，本文では挙げられなかった，同テーマの違ったタイプのジョークを紹介しています。
5. これとは別に，1頁の大コラムが14篇散りばめられています。ここでは，勉強の合間に，体験的ジョーク・エッセイをお楽しみください。
6. ジョークの日本語訳は，日本語のジョークとしても十分楽しめるよう，一部意訳してあります。また，ト書きにあたる部分の訳を一部省略してあります。
7. 各章には1つないし2つの☞マークのついたジョークがあります。これは，比較的短くて覚えやすいもの，覚えておくと便利な，比較的「受け」る確率が高いと思われるものについています。もっとも，何を笑うかは，人さまざまです。自分がもっとも面白いと感じるものを覚えましょう。

目　次

まえがき/*iii*
本書の構成と使い方/*viii*

I．お金と仕事 …………………………………………… 3

  1　お金で幸福は買えるか ……………………………… *4*
  2　インフレの功罪 ……………………………………… *8*
  3　いじめにあう銀行 …………………………………… *12*
  4　国税は酷税なり ……………………………………… *16*
  5　天才的なセールスマンとは ………………………… *20*
  6　上司と部下の知恵くらべ …………………………… *24*
  7　仕事，仕事というけれど …………………………… *28*
  8　失業者にも言い分あり ……………………………… *32*
  9　休暇を取る人，取りたくない人 …………………… *36*
 10　こんなホテルもあるのです ………………………… *40*
 11　レストランの反撃 …………………………………… *44*

ジョークとジョークのあいだ❶　ひと口ジョーク/*48*

II．暮らしと世の中 ……………………………………… *53*

 12　天気だけは変えられない …………………………… *54*

13	ダイエットはほどほどに	58
14	テレビという逆説	62
15	コンピュータは正直者	66
16	能天気なドライヴ	70
17	どこか抜けてる警察官	74
18	現代版：罪と罰	78
19	酔っぱらいのコモン・センス	82
20	禁煙の秘訣，喫煙の口実	86
21	たかが電球交換と言うなかれ	90
22	教会でいちばん困ること	94
23	パーティーの人間模様	98
24	ゴルフやるのも楽じゃない	102
25	たかが魚釣り，されど魚釣り	106
26	人騒がせな音楽	110
27	イヌは家族の一員というけれど	114
28	わが輩は考えるネコである	118
29	モノマネばかりがオウムじゃない	122

ジョークとジョークのあいだ❷　～と～の違いはなにか？/126

III．恋と人生 …………………………………………… 131

30	不幸な結婚，幸せな離婚	132
31	恋は盲目か	136
32	男もいろいろ，女もいろいろ	140
33	キスはやけどのもと	144
34	独身貴族の夢と現実	148
35	子供とて油断大敵	152

36　年はとっても心は青春 ………………………… *156*
　　37　保険の保障にご用心 …………………………… *160*
　　38　嫌われ者の義理の母 …………………………… *164*

　**ジョークとジョークのあいだ❸　子供のためのジョーク/*168*

IV. 学校 ……………………………………………… *173*

　　39　愉快な生徒, 悩める先生 ……………………… *174*
　　40　学校の語源は「ひま」 ………………………… *178*
　　41　究極のカンニング法 …………………………… *182*
　　42　ああ, 大学 ……………………………………… *186*
　　43　学あれど仕事なし …………………………… *190*
　　44　楽しい文法 ……………………………………… *194*
　　45　歴史を短くできないか ………………………… *198*

　**ジョークとジョークのあいだ❹　ジョークのためのジョーク/*202*

V. 人さまざま …………………………………………… *207*

　　46　楽観主義者と悲観主義者 ……………………… *208*
　　47　医者も医者なら患者も患者 …………………… *212*
　　48　政治家と政治屋の間 …………………………… *216*
　　49　大統領・首相とユーモア ……………………… *220*
　　50　もめごとあるところに弁護士あり …………… *224*
　　51　話し上手というのは …………………………… *228*
　　52　看護婦さんとの命懸けの恋とは ……………… *232*

53　呼べども来ない配管工 ………………………… 236
　54　自分を笑えるアイルランド人 ………………… 240
　55　しっかり者のスコットランド人 ……………… 244
　56　最高のユダヤ・ジョーク ……………………… 248

キーワード索引/252

【コラム】
　ユーモアの効用（1）/7
　ユーモアの効用（2）/19
　パーティー・ジョークを発信する（1）/35
　パーティー・ジョークを発信する（2）/47
　パーティー・ジョークを発信する（3）/65
　アールズ・コートの安宿で/81
　慈善事業に役立つジョーク/101
　タクシー・ドライバーのユーモア（1）/121
　タクシー・ドライバーのユーモア（2）/151
　ロンドンのレストランで/167
　シカゴの街角で/193
　定義とブック・タイトル/211
　ロンドンのパブで/235
　街はジョークの展示場/247

英語 ジョークの教科書

I. お金と仕事

1 お金で幸福は買えるか

　日本では,昔からとかくお金のことを人前で口にするのはタブー視されてきたが,その反面,「地獄の沙汰も金しだい」とか「1銭を粗末にする者は1銭に泣く」などのことわざや言い伝えがある。また,「お金がないということが諸悪の根源である」(Lack of money is the root of all evil.) と,ずばり断言したのはイギリスの劇作家・バーナード・ショー (George Bernard Shaw, 1856-1950) である。

　人間生きているかぎり,お金の問題は避けてはとおれない。お金はジョークの世界ではどのように扱われているのであろうか。

▶ Money won't make you happy, it will just keep you very comfortable while you're unhappy.
　お金はあなたを幸福にはしませんが,不幸なときには,あなたをとても快適にしてくれるものです。

　これはお金というものの本質をついている。この世にはお金によって解決できないことはたくさんあるが,逆に,お金によって解決できることもたくさんあるからだ。

　日本では「お金にお足がついている」などという。お金というものは,とかく手元に残らずまたたく間になくなってしまうということだが,英語にもこんなジョークがある。

▶ Money has wings and most of us see only the tail feathers.
　お金には羽根がついているので,ほとんどの人には尾っぽの羽先しか見えない。

▶ What do money and a secret have in common?

They're both very hard to keep.
「お金と秘密の共通点はなにか」
「どちらも保っておくのがとてもむずかしい」

　欧米諸国のあとを追い，日本でもクレジット・カードが加速度的に普及している。当たり前のことを言っているのだが，このジョークもなぜかおかしい。

▶ Money isn't everything, but it's very convenient in case you don't have a credit card.
お金がすべてではない。しかし，クレジット・カードを持っていないときには，お金はとても便利なものだ。

　つぎは，ひらきなおりというか，現実的というか，逆転の発想のジョークを紹介しよう。

☞ **There are more important things in our life than a little money — lots of money!**
人生には少々のお金よりも，もっと大事なことがある。それは大金である！

　お金がすべてではない。この世には，お金では買えないものがたくさんあるとはよく言われることだが，こんなふうに考える人もいる。

▶ Someone once said, "Money can't buy happiness. Money can't buy friendship. Money can't buy love." I don't know who said it but he's got to be the world's worst shopper.
かつてある人が言ったとさ。「お金で幸福は買えない。お金で友情は買えない。お金で愛は買えない」と。誰がこんなことを言ったのか知らないが，その人は世界でいちばん買い物が下手くそな人であったにちがいない。

　このオチをそのまま生かして，こんなジョークも可能だ。

▶ People who said money couldn't buy happiness just didn't know where to shop.
お金で幸福は買えないなどと言った人は，買物をする場所を知らなかっただけだ。

　最後に，さすが石油王国。アラブの国のとてつもないお金持ちの，スケールの大きなジョークを楽しもう。

▶ An Arabian billionaire reported to police that his Mercedes had gone out of control and crashed into a dozen luxury cars before it could be stopped. Fortunately, he added, the accident happened in his own garage.
アラブの国の億万長者が，ベンツのハンドル操作を誤り，12台の高級車に衝突して事故をおこしたことを警察に報告した。「幸い，事故は自宅の車庫の中でした」と，その億万長者はこともなげに言った。

♠こんなジョークもあるよ

I would like to open a joint bank account with someone who has lots of money.
私はお金をたくさんもっている人と共同預金口座をひらきたい。
Money doesn't talk nowadays. It goes without saying anything.
今日では，お金はものをいわない。なにもいわずに消えていく。

ユーモアの効用(1)

　いまさら「ユーモアの効用」などというと、至極陳腐に聞こえるかもしれないが、近年とくに注目されているのは、ユーモア、ジョーク、笑いなどの医学的効果についてである。患者に適度にユーモア療法を加えると、症状に変化があらわれ治癒力が増すというのだ。このことは、さまざまな実験で実証されてきている。

　たとえば、リウマチだが、この病気は手足の関節に激痛が走り、変形するという難病中の難病である。ひとつの関節が冒されると、さらに他へと転移するから始末が悪い。しかも、その痛みは感情や天気に左右されやすく、ひどくなったり軽くなったりする。ましてや、この病気の原因は不明な場合が多い。

　ところが、重症のリウマチ患者に落語を1時間聞かせてみたところ、痛みが急激に緩和され患者によっては、その後、数週間にわたってまったく鎮痛剤なしで過ごせたという驚くべきデータすらある。

　「笑い」がガンの患者や狭心症患者の免疫力を高めたというデータもある。笑うと血液の流れが良くなり、新陳代謝を活発にするらしいのだ。副作用のない薬はないといわれるなかで、まったく副作用のない笑いは、まさに天からの妙薬といえよう。

　ユーモア、笑いが病気の治療法としてその効果が実証されたとなると、ここで、ユーモア（humor）の語源についておさらいしておく必要があろう。「ユーモア」はラテン語で「流体、湿気」を意味した。古代・中世の生理学では、人間には「血液」「粘液」「胆汁液」「黒胆汁液」の四液が体内にあって、気分や気質は、これら体液の配合の割合によって決まるものと考えられたのである。そして、17世紀末になって「ユーモア、おかしみ」の意味へと発展していったのである。

　英語には、A laugh a day keeps the doctor away.（一日一笑医者いらず）という諺がある。また、I'm so thirsty, I'd have to staple on a postage stamp.（喉がカラカラに乾いていたので、郵便の切手をホッチキスで止めなくては）などというジョークもあるが、体液に狂いが生ずれば、不都合なことがおこるというものだ。逆に、体液の配合の割合が正常だと気分がいい。どうやら、ユーモアの語源を考えただけも、ユーモア、笑いの医学的効果を確信してもよいのではあるまいか。

2 インフレの功罪

　インフレとは、やさしく言えば「物価が暴騰し、お金もたくさん発行されて、その結果、お金の価値がなくなること」ということになろう。

　『広辞苑』では、インフレを「通貨の量が財貨の流通量に比して膨張し物価水準が騰貴してゆく過程」と定義している。いかにも辞典の定義らしい。定義を理解するのに、最低限度の経済の知識が必要なのである。

　ところが、ジョークの世界でのインフレの定義は、じつにわかりやすい。専門的な経済用語など少しも必要がないのである。

▶ Inflation is when your pockets are full and your stomach isn't.
インフレとはポケットは満腹だが、腹はそうではないということ。

▶ Inflation is when the tip you leave at lunch used to buy one meal.
インフレとは昼食のときにおいてくるチップで、かつては昼食が食べられたということ。

　いずれのジョークも、お金の価値がなくなったことを見事についている。ときには、ジョークのほうが物事の本質を理解するのに役に立つ。

　お金の価値がなくなったということを強調するもっとストレートなジョークもある。

▶ An increasing number of people are suffering from inflation. They used to say, "Money can't buy happiness." Today it

can't even buy food.
インフレに苦しむ人がとても多くなっている。「お金で幸福は買えない」などといわれたが，いまじゃ，食料さえ買えない。

▶ Inflation is when you have lots of money and you no longer can afford the goods you bought when you were poor.
インフレとはお金がたくさんあるのに，貧乏なときに買えたものが，もう買えないということ。

☞ **Just think. In one generation we've gone from saying, "Money isn't everything," to "Money isn't anything."**
考えてもみたまえ。1世代で，「お金がすべてではない」から「お金はなんにもならない」ということになったんだ。

　さて，つぎは，これぞジョークの真骨頂。これほどまでにインフレが進行し，なんとお金の価値がなくなったどころか，犯罪者扱いになろうとは！

▶ I never realized how bad our inflation was until I dropped my wallet in the park and got arrested for littering!
公園に財布を落としたら，ゴミを捨てたということで逮捕されちゃった。わが国のインフレがここまでひどいとはわからなかったよ。

　しかし，ものは考えよう。インフレによって慰められることだってある。これぞ逆転の発想だ。

▶ There's only one good thing about inflation. The money I don't have isn't worth as much as it used to be.
インフレにもたったひとつだけよいことがある。現在もっていないお金だが，そのお金は，かつてのような価値がないということさ。

　インフレがひどいときに，子供にお金の価値というものを教えるときには時間との勝負だ！

▶ If you want to teach your children the value of money, you'd better do it as soon as possible.
子供にお金の価値を教えておきたければ，できるだけはやく教えておいたほうがいい。

なるほど，教えを急がなければ，お金の価値がさらになくなっていく。いや，教えている最中にも物価があがっていく。

この人のインフレに反対する姿勢には説得力がある。1年間で物価が何百倍にも上がった国が実際にあるのだから。

▶ Betty: Are you against inflation, Edith?
Edith: Of course! Five hundred percent!
「エディス，あなたインフレに反対なの？」
「もちろんよ，500パーセント反対だわ！」

日常生活にあまり関係のない商品の物価の上昇ならまだしも，インフレのときの庶民感覚というのは，

▶ All prices seem to have been relatively stable in the last three years — except the prices of the necessities of life.
この3年間，物価は比較的安定している。ただし，日常生活にどうしても必要なものを除いてだ。

英語には，「1日1個のリンゴは医者を遠ざける」(An apple a day keeps the doctor away.) ということわざがある。だから，インフレのときには，こんなジョークも言いたくなる。

▶ Apples are so expensive these days, you may as well have the doctor.
ちかごろはリンゴがとても高い。だから，あなたも医者にかかるかも。

2 インフレの功罪

♠こんなジョークもあるよ

Inflation has decreased the value of our money so much that now even muggers don't like to accept cash.
インフレがお金の価値を紙クズ同然にしてしまった。いまでは，ひったくり強盗でさえも現金を受け取ろうとはしない。
How awful inflation is! Many Japanese people use a ¥10,000 note instead of tissues.
ひどいインフレだ！多くの日本人がティッシュ・ペーパーのかわりに1万円札を使っている。

3 いじめにあう銀行

　私たちの日常生活にふかくかかわりのある金融機関の代表といえば銀行である。銀行（bank）の語源はイタリア語のbancoあるいはbancaであり，「両替屋の台」という意味である。

　銀行の主たる業務は，預金サービスとローンの貸し付けだ。預金する人を歓迎しない銀行はない。問題はお金を借りるときだ。そう簡単にはいかない。だから，こんな皮肉なジョークが存在する。

▶ A bank is a place from which you can borrow money as long as you can present sufficient evidence to show you don't need it.
銀行というのは，お金を借りる必要がないということを十分証明できる人だけが，お金を借りることができるところだ。

　これほど逆説的で風刺のきいた皮肉なジョークはないが，もっと手短に言うこともできる。

☞ **A bank is a place that will always lend you money if you can prove that you don't need it.**
銀行というのは，お金を必要としていないことを証明できる人に，いつでもお金を貸してくれるところである。

　じつは，アメリカの作家，マーク・トウェーン（Mark Twain, 1835-1910）も巧みな比喩を使って同じことを言っているのだ。

▶ A banker is a fellow who lends you his umbrella when the sun is shining and wants it back the minute it begins to rain.
銀行員というのは，太陽が輝いているときに傘を貸してくれ，雨が降り

3 いじめにあう銀行

はじめるとすぐに傘を返してくれという人のことである。

さて，つぎのジョークだが，こればかりは経験者，いや，もっと言えば被害者（？）にしか，そのオチはわからないのではあるまいか。

▶ I'm very suspicious. For instance, if bankers can count, why do they always have five windows and only two tellers?
ぼくはとても疑っているんだ。たとえばだね，銀行員が数を数えることができるのなら，どうして窓口が5つもあるのに2人の出納係しかおいておかないのかね。

このジョークは，とくにイギリスでの生活体験がある人には，身にしみてわかるであろう。窓口がたくさんあるにもかかわらず，その大半が閉まっていて実際に業務を行っている人の数が極端に少ないのだ。
だから，銀行に行くということは時間がかかることを意味する。同じことが郵便局についても言える。

むかし，とくに銀行に勤める人はお堅い人ばかりだった。預金者のお金をごまかすことなど考えられなかった。残念なことに，金融機関の不祥事が目立つ昨今だが，looking for の意味の違いに注目されたい。

▶ Mary: I hear the bank is looking for a new accountant. I thought they just hired a new accountant a few weeks ago.
Jack: Right. That's the one they're frantically looking for.
「あの銀行がまた会計士を探しているという話ですが，わずか数週間前に新しく雇ったばかりなのにね」
「そのとおりだよ。銀行は，雇ったその会計士を血まなこになって捜しているんだよ」

夫からすれば，「それはないよ」といいたくなるようなジョークを

ひとつ。

▶ Teller :   What sort of savings account would you like to open, Mr. and Mrs. Ray?
Mrs.Ray :   A joint account, please. Mr. Ray deposits and I draw out.

「レイさんのお宅は，どんな預金口座を開きたいのでしょうか」
「共同預金口座をお願い致しますわ。夫のレイが預金して，妻の私が引き出すの」

銀行員のことを「背広を着た金貸しである」と言った人がいる。そういう人はこんな辛辣なジョークを言いたくなるのではあるまいか。

▶ What's the difference between a dead skunk and a dead banker on the road?
There are skid marks near the skunk.

道路に横たわっているスカンクの死体と銀行員の死体との違いはなにか？ スカンクの死体の近くにはブレーキをかけた跡があることだ。

この種のジョークは，銀行員のところを独裁者，悪徳弁護士，テロリストなど，要するに気に入らない人物に置き換えても使える。

♠**こんなジョークもあるよ**

A young woman visited the bank for borrowing some money, saying she wanted it only until she could get a credit card.
若い女がクレジット・カードを手に入れることができるまで，お金を貸してほしいと銀行にお金を借りに行った。

A young wife went to cash a check from her husband. The teller asked her to endorse it. So she wrote on the back: "My husband is a wonderful man."
若い妻が，夫から受け取った小切手を現金に換えるために銀行に行った。出納係から小切手に裏書きするようにいわれたので，小切手の裏に「私の夫はすばらしい人です」と，書いた。

3 いじめにあう銀行

4 国税は酷税なり

　それが直接税であれ，間接税であれ，どこの国の国民でも税金に対する不満は多い。かつてイギリスでは，あまりにも高い所得税のため，それが原因で頭脳流出 (brain drain) がおこった。とくに，高給取りは少しでも税金の安い国に逃げたわけだ。

　アメリカでは州によって売上税の率が異なる。諸外国と比較して，日本の消費税は低いほうだが，累進課税による所得税はまさに酷税の名に値する。だから，やけくそになってこんな「所得税の歌」でも歌いたくなるというものだ。

▶ Income tax song : "Everything I Have Is Yours."
所得税の歌：「私が稼いだものは，すべてあなた（国）のものね」

　税金の制度は国によって違う。日本の源泉徴収の制度は納税者の意識を高めないことに役立っている。税金の分割払いが認められているとはいうものの，心臓があまり丈夫でない人には分割払いのほうが辛い。納税者と税務署とのやりとりだ。

▶ Taxpayer :　I always pay my income taxes all at once.
　Tax Office : We have the installment plan. You are allowed to pay them quarterly.
　Taxpayer :　I know it very well, but I don't think my heart can stand it four times a year.

「私はね，いつも一括払いで所得税を収めるんです」
「分割支払い制度がございます。4回の分割払いが認められておりますよ」
「よく承知しております。ですがねえ，年に4回も私の心臓が耐えられ

ないんですよ」

　税金にムダ使いはつきものだ。おそらく，税金をまるで天から降ってきたお金程度にしか考えていない役人，政治家もいるであろう。しかし，税金の取り立てほど厳しいものはない。だから，医者からこんな診断書をもらいたくなるというものだ。

▶ My family doctor just gave me a special medical certificate for the IRS. It says I'm seriously allergic to income taxes.
かかりつけの医者が国税庁へ出す特別な診断書をくれた。私が「重症の所得税アレルギー症」だと書いてくれたんだ。

　「くろよん（九六四）」ということばがある。「サラリーマンの給与所得は9割捕捉され課税されるのに対し，自営業者は6割，農業に従事する人たちは4割程度である」という意味だ。
　自営業者とは違い，サラリーマンができる節税といえば，ごく限られたものだ。世間では申告漏れという名の脱税もあとをたたない。だから，こんな皮肉もいいたくなる。

▶ The corporation tax has made more liars out of managers than golf has.
経営者をウソつきにした点では，法人税のほうがゴルフよりも大きな責任がある。

　一度決められた税金が下がることはまずない。上がりつづける税金に対しては，こうもいいたくなる。

▶ If I'd invested in taxes ten years ago, today I'd be very rich!
10年前に税金に投資していたら，いまごろ，私は大金持ちになっていたであろうに。

☞ **Income tax is the fairest tax of all. It gives everyone an equal opportunity at poverty.**
税金のうちでも，所得税はいちばん公平だ。すべての国民が貧乏になる

ように平等な機会を与えているからだ。

　日本での税金の確定申告日は，3月15日だが，アメリカでは4月15日だ。だから，感謝祭（Thanksgiving Day）にあやかってこんなジョークも言いたくなる。

▶ April 15 should be called Taxgiving Day.
4月15日は「税金支払い祭」と呼ばれるべきだ。

　税金の取り立てというのはいかに苛酷なものであるか，マーク・トウェーンもすでに指摘しているのだ。

▶ What's the difference between a taxidermist and a tax collector?
The taxidermist takes only your skin.
はく製師と税金取り立て人の違いはなにか？　はく製師は皮膚だけをはぐ。

♠こんなジョークもあるよ

"When I was young," the old woman said, "I used to worry about where my taxes were going. Now, I worry about where they're coming from."
「若いときは，自分が支払った税金がどこへいってしまうものかと心配したが，いまでは，税金がどこからくるものかと心配だ」と，老婦人が言った。
Taxes are our annual reminder that the land of the free doesn't exist in this world.
税金は，この世には自由な（ただの）国などないことを毎年，思い起こさせてくれる。

ユーモアの効用(2)

　日本とは違い，英語を母語とする人たちは，ユーモアの精神を最も高く評価する。すぐれたユーモアの精神をもっている人，そのユーモアを理解する人を最も高く評価する。彼らにとって，ユーモアとは複雑きわまるこの人間社会を冷静で，かつ客観的な視点で見つめ，それを滑稽さ，おかしさをもって表現しようとする行為なのだ。

　だから，英語圏では一国の大統領，首相ともなると，必然的にユーモア精神の資質が問われることになる。話は古くなるが，故ケネディ大統領が大統領に選出されたとき，The pay is good, and I can walk to work.（給料がいい，しかも職場に歩いて行ける）と言った。このジョークを大衆はおおいに歓迎した。ホワイト・ハウスの主人公たるものが，大統領に選ばれた感想を聞かれて「職場に歩いて行ける」と言ったのだからたまらない。

　さて，一国の指導者にユーモアの精神を期待するということは，国民の側にもおおいにユーモアの精神があるということである。

　「新しい労働党」をスローガンに颯爽と登場したトニー・ブレア首相は難なく再選された。しかし，ジョークの世界では，ブレア首相は徹底的にこきおろされているのである。

　「ロンドンの官庁街を『トニー・ブレアは邪悪な独裁者だ』と大声で叫びながら歩いていた男が逮捕された。その男は，3年間投獄されることになったが，1年は名誉毀損のため，あとの2年は国家秘密を漏らしたことによる罪である」と。かなり辛辣なジョークだが，「健全なユーモア精神に健全な批判精神がやどる」と言わざるを得ない。

　ユーモアの効用について語るときに，コミュニケーションの潤滑油としての効用にも触れないわけにはいかない。それは，日常の生活，男女の間，ビジネスの世界，はては各国の首脳どうしの会談という世界にいたるまで，ユーモアはすぐれて人間関係をスムーズにする調整剤の役割を果たしているからである。

　マルセル・パニョルは『笑いについて』のなかで「何を笑うかで人間が分かる」と言っている。しかり，笑いはすぐれて人間の感度を表す。だから，欧米諸国では，ユーモア精神の有無が，政治の世界だけでなく，会社での昇進，昇格など，ある人物を評価する場合の有力な尺度にもなっているのである。

5 天才的なセールスマンとは

　この世に楽な仕事というのはないと思うが，それにしてもセールスマンの仕事ほど厳しい仕事はない。なにしろ，いやがる顧客を説き伏せて，品物を買ってもらわなくてはならない。接客の態度は，もちろん重要だ。そのなかでも，やはり巧みな話術がものをいうであろう。
　ベテランのセールスマンが用いる殺し文句に耳を傾けてみよう。

☞ **A basic principle for door-to-door salesmen is after knocking and the lady comes to the door, you ask, "Miss, is your mother in?"**
戸別訪問販売をするセールスマンのための基本的な原則，それは玄関のドアをノックして，ご夫人が出てきたときに「お嬢さん，お母さんはご在宅でしょうか」と，たずねることである。

　セールスマンの仕事のなかでも，戸別訪問のセールスマンはたしかに厳しいが，ときにはこんなことだってある。blind が二重の意味で使われている。

▶ A woman was getting out of the bath when she heard a knock at the door.
　Woman　　： I can't let you in, I'm not dressed.
　Salesman： Don't worry, I'm a blind salesman.
　Woman　　： Okay, come in.
　Salesman： Thanks, lady. Now, where shall I put the new blinds?
女性がお風呂からあがろうとしていたときに，玄関のドアをノックする音がした。

「衣服を身につけておりませんので、お入れするわけにはいきませんわ」
「ご心配いりません。私はブラインドのセールスマンですから」
「それなら、どうぞお入りください」
「ありがとう。それで、どこに新しいブラインド（日よけ）をつけましょうか」

　人間だれだって、見栄のまったくない人はいない。とくに地方などでは、隣の家がなにかを買うと競うようにして自分も買う。販売部長ともなれば、そのような風習を見逃すはずはない。販売部長と部下のセールスマンとの会話である。

☞ **Manager : I think it's a good time to sell the Smiths a new car.**
　Salesman : What makes you think so, manager?
　Manager : Their neighbors bought a new car.
「スミスさんのところに、新車を売るには絶好のチャンスだな」
「部長、どうしてでしょうか」
「スミスさんの隣の家の人が新車を買ったからさ」

　勤め人ならだれだって給料を上げてほしい。苛酷な仕事を課せられているセールスマンの場合には、なおさらであろう。しかし、この雇い主からは意外な答えがかえってきた。

▶ Salesman : I've been with you twenty years, and I've never asked for a raise before.
　President : That's why you've been with me for twenty years.
「社長、私は 20 年間もこの会社で働いておりますが、これまで一度も給料を引き上げてほしいと要求してませんよ」
「だから、君はこの会社に 20 年間もいられたんだよ」

　戸別訪問のセールスマンが、特殊なある実用書を売り歩いているのだが、さすがに説得力のある話術だ。

▶ A door-to-door salesman knocked at the door of a suburban house in London.

Salesman : Good afternoon, would you care to buy a copy of *One Hundred Excuses To Give Your Wife For Staying Out Late*?

Madam : Why on earth do I have to buy a book like that?

Salesman : Because I sold a copy to your husband at his office this morning.

戸別訪問のセールスマンが，ロンドンの郊外にある家をたずねてドアをノックした。

「こんにちは，『夜遅く帰宅したときの妻への言い訳 100 例集』という本はいかがでしょうか」

「いったい妻の私が，なぜそんな本を買わなくてはいけないのよ」

「じつは，今朝，会社でお宅のご主人さまにこの本を買ってもらったからであります」

つぎは，お客さんが single を「独身」と解釈してしまった例をひとつ。

▶ Salesman : This spray is guaranteed to kill every single fly in the house, madam.

Customer : What about the married ones?

「奥さま，このスプレイ式の殺虫剤は，家のなかのハエを一匹残らず退治できますよ」

「結婚しているハエはどうなのよ？」

ちまたには，スゴ腕のセールスマンはたしかにいる。いってみれば不可能なことを可能にするセールスマンともいえよう。

▶ I know the greatest salesman in our town. He is a milking machine salesman. He visited a farmer who had only two

5　天才的なセールスマンとは　　23

cows, sold him three milking machines and took the cows as a down payment.

私はわが町でいちばんスゴ腕のセールスマンを知っている。彼は乳しぼり機のセールスマンだ。牛を2頭しか飼っていない農家をたずねて，3台の乳しぼり機を売りつけ，しかも，その牛を頭金として預かったというんだよ。

♠こんなジョークもあるよ

Hens make money while sitting down. Salesmen don't!
ニワトリは座っていてもお金を生み出すが，セールスマンは生み出せない！

Is this man a salesman? Yesterday he sold me four new tires I didn't need. What makes it even worse, I only have a motorcycle.
この男セールスマンなのかな？　彼は昨日，いりもしない車のタイヤを4つも売りつけたんだ。最悪なのは，ぼくはバイクしかもっていないんだ。

Whoever said that the customer is always right must have been a customer.
顧客はつねに正しいと言った人がだれであろうとも，その人も顧客であったにちがいない。

6 上司と部下の知恵くらべ

　会社であれ，なにかの団体であれ，組織のあるところには必ず上司がいる。先見の明があり，発想も豊かで有能な上司もいれば，そうでない上司もいる。

　部下の面倒をよくみる上司もいれば，自分には甘く，部下にはやたらと厳しい上司もいる。さて，ジョークの世界での上司と部下の関係をのぞいてみよう。

　運が悪いといってしまえばそれまでだが，平社員であれば，だれにも心当たりがあり，こんなジョークを言いたくなるのではなかろうか。

☞ **A boss is someone who is early when you are late and late when you are early.**

上司とは，あなたが遅刻したときにはすでに来ており，あなたが早くきたときには，遅刻してくる人のことである。

　どんなに話のわかる上司でも，とかく部下は上司に気を使うもの。自分はいつも下手にでて，上司の顔をたてることも処世術のひとつなのだ。ゴルフにまつわる妻と夫との会話である。

▶ Wife : 　　 Did you have a good afternoon on the golf course, dear?
Husband : Not so bad.
Wife : 　　 And did you win?
Husband : Don't be silly. I was playing golf with my boss.

「ねえ，あなた，午後のゴルフ楽しめたの」
「まあまあだったよ」

6 上司と部下の知恵くらべ

「それで、勝ったの？」
「バカなことをいうな。上司とプレイしたんだぞ」

　上司は部下をかばい、ときには、部下は上司をかばうもの。もちつもたれつの、その精神は美しい。店主がお客さんと口論していた店員を叱っているのだが、口論の原因とは？

▶ The manager of a shop was ticking off one of his staff.
Manager : I saw you arguing with a customer. Will you please remember that in my shop the customer is always right? Do you understand?
Staff : Yes, sir. The customer is always right.
Manager : Now, what were you arguing about?
Staff : Well, sir, he said you were an idiot.

「君はお客さんと口論してたじゃないか。うちの店じゃお客さんがつねに正しいんだということを忘れないでくれよな。わかったな」
「はい、わかりました。お客さんはつねに正しいのです」
「ところで、君はお客さんとどんなことで口論していたのかね」

「はあ，お客さんが店主のことをバカだと言っていたのです」

　上司にたいして厳しいジョークばかり紹介したので，このへんで部下を俎板にのせてみよう。平社員どうしの会話である。

▶ Tom : How did the boss take it when you told him you were leaving next week?
　Jim : He raised the roof. He thought it was this week.

「君が，来週，会社をやめるといったとき，上司はどう受けとめたのかね」
「それがカンカンに怒ってね。彼は，ぼくが今週やめると思っていたんだよ」

　上司と若くて綺麗な女性の秘書，そこに上司の妻がからむと，こんなことになる。それにしても女の勘は鋭い！

▶ Husband : Why did you fire my pretty young new secretary? You used to be a secretary yourself.
　Wife : That's why I fired her.

「おい，新しく雇った若くて綺麗な秘書をどうしてクビにしたのかね。君だって，かつてはオレの秘書だったじゃないか」
「だからこそ，彼女をクビにしたのよ」

　さて，同じボスでも世の中には，こんなボスもいるのです。

▶ In my house I'm the boss. I wear the pants, even though they're protected with an apron.

家では，おれがボスなんだ。おれは亭主関白なんだ。もっともズボンはエプロンで防御されているがね。

　この種のジョークは，本来，翻訳が不可能。wear the pants という表現が，「ズボンをはく」という文字どおりの意味と，イディオム表現で，「亭主関白である」の意味で使われているからだ。

6 上司と部下の知恵くらべ

♠こんなジョークもあるよ

Our boss is very understanding. He lets us come in at any time we want before nine and leave at any time we want after five.
私たちの上司はとても話のわかる人なのよ。朝9時前なら何時に出勤してもいいし、午後5時以降なら何時に帰宅してもいいの。
My boss is the one who expects a maximum effort for a minimum wage.
私の上司は、最低の賃金で最高に働かせようとする人なんだ。

7 仕事，仕事というけれど

　「仕事の本質というのは本気でそれに夢中になると楽しくなる性質があるものである」とは，スイスの法律家であり哲学者でもある，カール・ヒルティ（Carl Hilty, 1833-1909）のことばだ。しかし，現実には楽しくなるという段階にまで到達する前に，人は転職を繰り返すのである。日本でも，じつに多くの人が転職するようになった。そういう意味では，アメリカ型の社会に近づきつつある。

　さて，従業員からひろく知恵をあつめる提案制度は，日本の会社の特徴である。これに影響されて，欧米諸国の会社でこの制度を取り入れている会社が増えていると聞く。なかには，こんな提案で報奨金を手にした人もいる。

▶ The president of a small company offered a reward of $10,000 to his employees for the best idea for saving the company money. The first prize was won by a worker who suggested that the reward should be cut to $5,000.

小さな会社の社長が，経費節減のために最もすばらしい提案をした従業員に対して，1万ドルの報奨金を与えるという提案を行った。最初に報奨金を手にした人は，報奨金を5千ドルに削減すべきであると提案した人だった。

　大手のエレベーター会社に就職したジャックが，友達のメアリーから会社の営業状況を聞かれたのだが，答え方がじつに適切だ。

▶ Mary : Jack, I'm glad to hear that you've just joined a big elevator company. How's business?
　Jack : Oh, up and down.

7 仕事, 仕事というけれど

「ねえ, ジャック, 大手のエレベーター会社に就職できたということを聞いて, とても嬉しいわ。商売のほうはどうなの」
「まあ, 上がったり, 下がったりだよ」

このジョークでは, up and down が二重の意味で使われている。また, エレベーターのところを, エスカレーター (escalator), トランポリン (trampoline), ヨーヨー (yo-yo) などに変えても同じオチを使うことができる。

英語には「正直は最善の策」(Honesty is the best policy.) ということわざがある。このことわざのとおり, こんなこともあるのだ!

☞ **A man had interviewed many people for a job in his company and was seeing the last applicant.**
Interviewer : Do you like hard work?
Applicant : No, sir.
Interviewer : You're hired — that's the first honest answer I've heard all day.

人事部の人が仕事を求めて応募してきた多くの人たちに面接をした。そして最後の応募者に面接をしていた。
「あなたは, 一生懸命に働くことが好きですか」
「いいえ, 好きではありません」
「あなたを雇います。一日中, 面接をしてきましたが, はじめて正直な答えを聞きました」

会社勤めで大事なことは時間に厳格であることだ。遅刻などはもってのほか。だから, この部長も時間について自分の秘書であるサンドラを厳しくしつけたのだが, 予期せぬ副作用があった。

▶ Manager : Sandra, why are you late every morning?
　Sandra : It's your fault. You have trained me so strictly not to watch the clock in the office, now I'm in the

habit of not looking at it at home.

「サンドラ，君はどうして毎朝，遅刻して来るのかね」
「それは部長の責任ですわ。会社では仕事中に時計ばかり見てはいけないと，私を厳しくしつけたじゃありませんか。それで，家にいるときでも時計を見ない習慣が身についてしまったのよ」

　ビジネスの世界で大成功し，成功への階段を登りつめ大金をつかんだ人の財布というのはスケールが違う！

▶ The president of our company is a real billionaire. Why, when he goes to enter an airplane, his wallet is considered carry-on luggage.

わが社の社長は，まさに億万長者だ。なぜかって，社長が飛行機に乗るときには，財布が持ち込み手荷物扱いになるんだ。

　同じ成功への階段をあせることなく，一歩一歩，着実に登っている人もいる。でも，アリスの兄の場合には，こんな階段を登っているのです！

▶ Ralph : How's your brother?
　Alice :　He's really climbing the ladder of success.
　Ralph : How wonderful! I suppose he's on Wall Street.
　Alice :　No, actually, he's a house painter.

「君のお兄さん，うまくやってるかい」
「まさに成功への階段を登ってます」
「それはすばらしい！　ウォール街ででも働いているのかい」
「いいえ，じつはペンキ塗りなんです」

　「株はギャンブル以外のなにものでもない」と言った人がいる。そうかもしれない。たった1日で大金をつかむこともあれば，すべての財産を1日で失うことだってあるであろう。株で大金を失った場合には，こんな心境にもなるか。

7 仕事，仕事というけれど

▶ I lost so much money in the stock market last year that I can afford to tell the truth on my tax return.
私は昨年，株で大金を失った。だから正直に所得申告をしたって大丈夫さ。

♠ こんなジョークもあるよ

I'm never afraid of recessions because I've failed during boom times.
オレは不景気なんて恐れたことがない。景気が最高にいいときに失敗したんだから。

If you don't want to work, you have to work to earn enough money so that you won't have to work.
働くのがいやなら，十分なお金を手に入れるまで働かなくてはならない。そうすれば働く必要がない。

8　失業者にも言い分あり

　戦後日本の経済は順調に右肩あがりの成長を続けてきたが，バブルがはじけて以来，経済成長は失速した。それに伴い，高い失業率が大きな社会問題になっている。だれだって失業はつらい。独身者なら，多少心の余裕がありなんとかなるであろうが，妻子もちの場合は地獄だ。会社が倒産してしまったなら諦めもつくだろうが，リストラによる失業はこたえる。

　アメリカでは日本製の製品が氾濫しているために，製造業が不振になり，失業問題に直結していると考える人が多い。だから，なんとも皮肉なこんなジョークができあがる。

▶ Do you realize that many American people are without jobs? After the Seiko alarm clock woke me up this morning, I heard this news on my Sony TV set in my Honda car.
多くのアメリカ人が失業しているということを知っているかね。今朝，セイコーの目覚まし時計で目を覚まし，ホンダの車のなかのソニーのテレビで，この失業のニュースを聞いたんだ。

　現在のイギリスの経済は順調だが，メイジャー政権のころ不況が続き，失業者が300万人を突破した。そのときに流行ったジョークがある。

▶ What have been the four critical periods for unemployment under John Major's administration?
Spring, summer, autumn and winter.
ジョン・メイジャー政権のもとで，失業者にとって危機的な4つの期間とはなんであったか？　春，夏，秋，それに冬であった。

8 失業者にも言い分あり

日本もそうだが, 失業問題には各国の政府も頭を悩ましている。即座に, 特効薬みたいな政策を打ち出すというわけにはいかないのだ。
そのなかでも, ようやく出された画期的なプランというのは,

▶ The government has announced a drastic new policy to cut the long line of unemployed persons for an allowance from insurance. They're going to get people to stand much closer together.
政府は失業手当てをもらう人たちの列の長さを短くする画期的な新しいプランを発表した。失業者をもっとつめて並ばせることにしたのだ。

社長は自分を息子のようにかわいがってくれていると思っていても, 時と場合によってはクビになることがある！

▶ President : You're fired !
  Employee : How can you fire me ? I thought I was like a son to you !
  President : That's right. You're lazy, insolent, and disrespectful just like my son.
「君はクビだぞ！」
「ぼくをクビだなんて。息子さんのように思ってくださっていたのではないのですか」
「そのとおりだ。君はまさに私の息子とおなじで, なまけ者で, 横柄で, 無礼なやつだからな」

同僚のメアリーが急に身の回りのものをバッグに詰め込んでいるので, ジャックがその訳を聞いてみた。

☞ Jack : Why are you packing your things, Mary ?
  Mary : My boss said something so terrible I won't come back until he takes back what he said to me.
  Jack : What did he say ?

Mary: You're fired.

「メアリー、どうして身の回りのものを詰め込んでいるんだい」
「上司がとてもひどいことを言ったのよ。彼が発言を取り消すまでは，会社には絶対に戻らないわ」
「上司はなんて言ったんだい」
「私に，クビだと言ったのよ」

▶ A small factory advertised for workers. The response showed just how serious the unemployment situation was in the town. Ten of those who applied answered the question "Salary expected," "yes."

小さな工場が工員募集の広告を出した。応募者の応答からして，その町では，失業がいかに深刻な問題であるかがわかった。応募者のうち10人までもが，「希望の給与は」というのに対し，「はい」と答えたのだ。

このジョークのオチは，「はい」と答えた人は salary expected を「給与を期待してますか」と解釈したわけだ。

♠こんなジョークもあるよ

Bob: Did you read the front-page article about me in today's newspaper?
Jay: I can't believe you made the front-page article.
Bob: I certainly did.
Jay: What's it about?
Bob: The headline reads, "Unemployed People on High Rise."

「朝刊のトップ記事に，ぼくのことが載っていたの読んだかい」
「君がトップ記事だなんて信じられないな」
「たしかにトップ記事なんだよ」
「それはどういうことなんだい」
「見出しに"失業者大量に増える"と出ていたじゃないか」

パーティー・ジョークを発信する(1)

　ユーモア，ジョーク，笑いは理性では理解できない摩訶不思議な力をもっている。人と話をしているとき，あるいはパーティーなどでちょっとしたユーモア，ジョークひとつで，その場の雰囲気ががらりと変わることがあることは，大方の人が経験しているに違いない。

　まず，相手が初対面の人であっても警戒心をとき，胸襟を開く。心を許し，まるでお互いが何十年間も付き合っているというような普段着のままの雰囲気になってくる。たったひとつのジョークで相手との距離がいともたやすくちぢまるのだ。このことはなんど経験しても不思議でならない。

　たとえば，イギリスでもアメリカでも英語圏の国々へ行ってパーティーに招待され，スピーチをさせられる羽目になったとする。この場合，出だしが肝心だが，ぼくが用いる常套手段は次のとおり。

Before I begin my speech in English I'd like to warn you that I'm suffering from a severe handicap. Because I'm Japanese? No, definitely not! — because I'm sober.
（英語でスピーチを行うまえに，みなさんの注意を喚起しておきたいと思います。それは，ぼくが大変なハンディキャップを背負っているということであります。ぼくが日本人だから？　とんでもありません。ぼくは，まだ酒を一滴も飲んでいないからであります）

　ここで間違いなく，会場のあちこちから笑い声が聞こえてくる。こうなればしめたものだ。そのあと，初対面でもいろんな人と気楽に話し合えるチャンスがうまれてくる。ちょっとしたジョークが相手の興味をひくのである。

　ロンドンのパブでたまたま見知らぬ客と話し合う機会があったとする。最初は簡単な自己紹介や天気の話などだ。ここでもお互いの距離をちぢめようと思えば，ジョークが威力を発揮する。たとえば，天気の話だが，I love London very much except the weather. （ぼくは，ロンドンがたまらなく好きなんだ。ただし，天気を除いてはね）というと相手は間違いなく笑う。イギリスが好きだというと，逆に，「天気も含めてか」(Including the weather?) と言われることもある。

9 休暇を取る人，取りたくない人

　欧米諸国では，入社してから2, 3年で2週間の休暇が取れる。勤務年数が長くなるにしたがって，取れる休暇も多くなる。しかも，自分が好きなときに休暇が取れる。だから，英語には「休暇を取っている人」(holidaymaker) ということばが1語としてある。

　ということは，休暇を取るという慣習が日常生活にしっかりと根を下ろしているという証拠でもある。だからであろうか，英語の世界では休暇にまつわるジョークがなんと多いことか。

　ちなみに，「1年じゅう休暇であったらいいのに」(I wish that all the year were holiday.) と言ったのは，イギリスの随筆家・批評家のチャールズ・ラム (Charles Lamb, 1775-1834) である。

　さて，ジャックは休暇をとり，恋人のジョーンを海に誘った。

▶ Jack : How about coming down to the beach with me this afternoon?
Joan : If I do, will you keep your hands to yourself?
Jack : Of course I will.
Joan : No kissing or cuddling?
Jack : Certainly not!
Joan : Then what are we going for?

「今日の午後に，ぼくと一緒にビーチに行かない」
「行ったとして，私に手を出したりはしない」
「手なんか出さないよ」
「キスしたり，抱きついたりしない」
「そんなこと絶対にしないよ」
「それなら，私たちなんのために行くのよ」

9 休暇を取る人，取りたくない人

つぎは，ことばの遊びというか，「誤解」にもとづくジョーク。

▶ The hotel we stayed in on holiday last summer was only a stone's throw from the beach and was easy to find. All the windows were broken.

昨年の夏，私たちが休暇で滞在したホテルは，ビーチから石を投げて届くほどの距離だったのですぐに見つかった。ホテルの窓がぜんぶ壊されていた。

このジョークでは，stone's throw 「近距離」というイディオムを文字どおりに，「石を投げて届く距離」と解釈しているわけだ。

▶ A man phoned a travel agency and asked, "Can you tell me how long does it take to fly to New York?"
Turning to his timetable, the clerk said, "Just a minute."
"Thank you very much," said the man, and hung up.
ある男が旅行代理店に電話をして「ニューヨークまで飛行機でどれくらいかかりますか」と聞いた。
時刻表を調べながら，社員は「Just a minute」と言った。
「どうもありがとうございます」と言って，男は電話を切った。

なんのことはない。男は，Just a minute.「ちょっとお待ちください」を「ほんの1分」と解釈したわけだ。

休暇を取ることはだれにとっても楽しい。ましてや，休暇を取って海外旅行ともなれば心がはずむ。問題は旅行にかかる費用だ。ローンによる旅行もおおはやりだ。だから、こんなジョークが存在する。

☞ **A holiday is something that lasts a few weeks and takes one year to pay for.**
休暇とは数週間取ることができ，かかった費用を支払うのに1年かかるものである。

▶ There's only one book that's really good at helping you decide where to spend your holiday and how much money you can spend — your checkbook.
休暇をどこで過ごすのか，お金はいくら使えるのかを決めるのに，とても手助けになるたったひとつのブックがある。それはチェックブック（小切手帳）だ。

▶ Summer is vacation time. That's when you go away for two weeks and your money goes away forever.
夏は休暇を取る時期だ。それは，あなたは2週間休暇ででかけるが，お金は永遠に去ってしまうということだ。

9 休暇を取る人，取りたくない人

　このジョークのおもしろいところは，go away がそれぞれ巧みに使われているところだ。

　さて，費用のこともさることながら，家族全員の休暇となるとお父さんだって大変だ！

▶ A holiday is a hard day when Father works twice as hard as he does at the office.
休暇とは，お父さんが会社での仕事の2倍は一生懸命働く日のことである。

♠こんなジョークもあるよ

Mrs.A : So you're not going to London on holiday this year?
Mrs.B : No, it's New York we're not going to. It was London we didn't go to last year.
「お宅は，今年，休暇でロンドンには行かないのですって？」
「そうじゃなくて，今年行かないのはニューヨークなのよ。ロンドンには，昨年行かなかったのよ」
Jim : Why didn't you take a vacation this summer?
Tom : Because I needed a rest.
「なぜ，今年の夏は休暇を取らなかったんだい」
「ぼくは，休養したかったからね」

10 こんなホテルもあるのです

　旅にホテルはつきもの。とくに，海外旅行ともなればどんなホテルに泊まったかが，そのまま旅の思い出にもなる。ホテルは旅行者にとって重要な安らぎの場であると同時に旅人どうしが会話を交わす場所でもある。伝統ある格式の高いホテルに泊まれば，至高な時の温もりに身をゆだねることもできよう。

　ただし，ホテル事情は国によって異なる。アメリカでもイギリスでもどんなに高級なホテルに泊まっても，日本のホテルのように，歯ブラシや剃刀をおいていない。とくに，ロンドンはホテル代がべらぼうに高い。

　ホテルにはプールがついているところもある。宿泊客と受付け係とのやりとりである。

☞ Hotel guest : Do you have a swimming pool in this hotel?
Receptionist : Yes, we have. Swimming is permitted all day, except between three and four o'clock in the afternoon.
Hotel guest : Why not then?
Receptionist : Because that's when we wash the sheets.

「このホテルにはプールがありますか」
「はい，ございます。午後3時から4時までの間以外は一日じゅう泳げます」
「どうしてその間は泳げないのですか」
「プールでシーツを洗濯するからです」

　プールでシーツを洗うとはひどい話だが，ホテルといえば，毎日シ

10 こんなホテルもあるのです

ーツの取り替えが欠かせない。

▶ I hear that that hotel changes the sheets twice a day — from one room to the other.
あのホテルは1日に2回シーツを取り替えるそうだ。他の部屋で使っていたものを別の部屋へとね。

　ホテルには広々とした部屋もあれば小さくて狭い部屋もある。ジョークの世界では，こんなにも小さな部屋があったのだ！

▶ My hotel room is so tiny, I couldn't brush my teeth sideways.
ぼくが泊まったホテルの部屋はとても狭くてね，歯ブラシを左右に動かして歯が磨けなかったよ。

　旅費を節約すべく，狭い部屋ばかり泊り歩いているとこんな勘違いもあるようだ。

▶ Guest： Yes, this is nice, but I would prefer a room with a

bath.
Bellboy : This is not your room, sir, this is the elevator.
「この部屋はいいですね。でも私はバス付きの部屋がいいのですが」
「これはあなたの部屋ではありません。エレベーターです」

　極端に部屋が狭いホテルの話をしたので，想像を絶するような巨大なホテルの話も紹介しておこう。

▶ This is the biggest hotel in the world. Room service is a long-distance call.
これは世界でいちばん大きなホテルだ。ルーム・サービスをたのむのに長距離電話になる。

　ふつうは，シャワーだけがついている部屋は安く，バスタブ付きの部屋だと高くなる。それもそのはず，バスタブにはこんな利点があったのだ。

▶ Receptionist : Would you like a room with a bathtub or a shower?
Hotel guest : Could you tell me what's the difference?
Receptionist : Well, with a bathtub you can sit down!
「お客さん，バスタブ付きの部屋とシャワー付きの部屋とどちらがよろしいですか」
「その違いはなんでしょうか」
「そうですねえ，バスタブだとなかに座れますよねえ」

　ベルボーイがカップルの荷物を部屋まで運んでやったら，チップをたくさんもらった。そのときのベルボーイと男性客とのやりとりである。

▶ The bellboy had carried the couple's luggage up to a room on the tenth floor of the hotel and was rewarded with a large tip. "Thank you sir," he said. "Can I get you anything else?"

10 こんなホテルもあるのです

"No, thank you," said the man.
"Anything for your wife, sir?" asked the bellboy.
"That's a very good idea," said the man. "Bring up a postcard to send to my wife."
「どうもありがとうございます。なにかほかにご用はございませんか」
「いや，もう結構だよ」
「奥様になにかお持ちしましょうか」
「それはすばらしいことだ。女房に絵ハガキを送りたいからもってきてくれ」

　欧米諸国のホテルでは，1週間つづけて宿泊すると割引があるのがふつうだ。このホテルも割引制度があるのだが，

▶ Hotel guest : Do you have a weekly rate here?
Receptionist : Yes, we have.
Hotel guest : What is your weekly rate?
Receptionist : I don't know. Nobody ever stayed that long.
「このホテルでは，1週間滞在したときの割引制度はありますか」
「はい，ございます」
「どれくらい割引してくれるのですか」
「それはわかりません。これまで1週間滞在したお客さんがまったくいなかったものですから」

♠こんなジョークもあるよ

Does water always come through the ceiling in this place?
No, sir, only when it rains.
「このホテルでは，いつも天井から水がしたたり落ちるのですか」
「いいえ，雨が降ったときだけでございます」

11 レストランの反撃

　レストランにもピンからキリまでいろいろとある。高級なレストランでは，入口に"Please wait until you are guided to the table."（ご案内するまでお待ちください）などと書いてある。

　キリのほうのレストランとなると無数にある。そのなかでも有り難いのは，ビュッフェ方式の食べ放題のレストランだ。海外旅行をしているときに，この種のレストランがみつかると，涙がでるほど嬉しくなる。

　さて，あるレストランでお客が料理がまずいとウェイターに文句を言った。ウェイターはオーナーを呼ぼうとしたが，彼は外出していたのだ！

☞ **Customer : Waiter！This food is terrible. I want to talk to the owner of this restaurant！**
Waiter :　　Sorry, sir. He's out for lunch.

「ウェイター，この料理はひどいよ。この店のオーナーと話をしたいな」
「たいへん申し訳ございません。オーナーは昼食のためでかけてます」

　ウェイターにもいろいろな人がいる。料理に文句をつけられた，このウェイターは，自信をもって反論する。

▶ Customer : There's no turkey in this turkey pie！
　Waiter :　　So what ─ you don't get a dog in dog food, do you？

「この七面鳥パイに，七面鳥の肉が入っていないじゃないか」
「それがどうしたというのです。ドッグフードには犬の肉が入っておりませんでしょ」

11 レストランの反撃

もう少しお客とウェイターとのやりとりに耳を傾けてみよう。

▶ Waiter : How did you know we've a new man washing the dishes?
　Customer : The fingerprints are completely different.
「お客さま，新しい皿洗いが入ってきたということが，どうしておわかりになったのでしょうか」
「皿についている指紋がまるで違うからだよ」

▶ Customer : Waiter, I can't eat this soup!
　Waiter : I'm sorry, sir, I'll get the manager.
　Customer : Manager, I can't eat this soup.
　Manager : I'm sorry, sir. I'll call the chef.
　Customer : Chef, I can't eat this soup.
　Chef : Why not, sir?
　Customer : I haven't got a spoon!
「ウェイター，このスープ飲めないよ」
「申し訳ございません。マネージャーを呼びます」
「マネージャー，このスープ飲めないよ」
「申し訳ございません。料理長を呼びます」
「料理長，このスープ飲めないよ」
「お客さま，どうしてでございましょうか」
「スプーンがないんだよ！」

▶ Customer : Waiter! Look out! You've got your thumb in my soup!
　Waiter : Don't worry, sir. It isn't very hot!
「気をつけなよ！君はスープのなかに親指を入れているじゃないか！」
「お客さま，ご心配いりません。スープはそんなに熱くはないのです」

▶ Customer : Waiter! There's only one piece of meat on my

plate.

Waiter: Wait a minute, sir, and I'll cut it in two pieces.

「私の皿には，肉がたったの一切れしか入っていないじゃないか」
「少々お待ちくださいませ。切ってふた切れにしますから」

　野外レストランでの食事には風情がある。眼前にひろがる街の風景を眺めながら食事をするのもなかなかおつなものだ。ところが，急に雨が降りだした場合には，逆にテーブルから離れられなくなる。

▶ Today it suddenly started raining while we were eating in a fancy open-air restaurant. It took us two hours to finish our soup.

今日，しゃれた野外レストランで食事をしていたときに，急に雨が降りだしてね。スープを飲み終えるのに2時間もかかったよ。

　アメリカでもイギリスでも欧米諸国では，寿司が大ブームだ。ニューヨークにもロンドンにも回転寿司がある。はじめて寿司を食べてみてこんなことをいう人もいる。失礼な！

▶ For the first time, I had something called "sushi". I swear, it tasted just like raw fish.

はじめて"スシ"とかいうものを食べてみたが，生魚の味そのものだったな。

♠こんなジョークもあるよ

The kitchen here must be very clean. Everything tastes like soap.
ここのキッチンはとても清潔にちがいない。料理がみんな石鹸のような味がする。

Today's young housewife enjoys cooking — especially when it's cooked by the chef at one of the first-class restaurants.
いまどきの若い奥さんがたは，料理が好きだ。とくに，最高級のレストランのシェフによる料理を。

パーティー・ジョークを発信する(2)

　アメリカでもイギリス，カナダでも本屋に入ると，ユーモアの本のコーナーがある。本屋によっては，壁一面がすべてユーモアの本だ。そこには，多種多様なジョークの本が陳列してある。飲酒，休暇，魚釣り，男と女，結婚，弁護士，会社の上司，スポーツ，果ては電球の交換にまつわるジョーク集と挙げていけばきりがない。

　これは欧米諸国ではジョークというものが，いかに日常の生活のなかに定着しているかの証拠でもある。日常生活のなかにジョークあり，ジョークのなかに日常生活ありという感じなのだ。

　本書のなかで，そのいくつかを紹介しているが（p. 168），子供用のジョークの本をのぞいてみよう。

(1) What do you call a deer with no eyes? — No eye deer.
(2) What do you call a deer with no eyes and no legs?
　　Still no eye deer.
(3) What do you call a mad spaceman? — An astronut.
(4) Why did Captain Kirk go into the ladies?
　　To boldly go where no man has gone before.

　これはジョークであり，ことば遊びでもあるわけだが大人でも十分使えよう。

　(1)，(2) では，No eye deer と No idea（まるでわからない）が掛けことばになっている。

　(3)は「宇宙飛行士」の正式なスペリングは astronaut だが，「バカな宇宙飛行士」を表す語として，astronut を造語したもの。nut は俗語表現で「馬鹿者」の意である。

　ただし，(4)のジョークについては，子供用としてはやや高級（？）といわざるをえない。まず，カーク船長とは大ヒットしたアメリカの空想テレビ映画『スタートレック』の主役であるということ。それに「大胆にも～」とは，イギリスの英語学会で分離不定詞が問題になるとき，必ずといっていいほど引用されるセリフだからである。

　ユーモア感覚に関しては，英語圏の国々の子供たちは小さいころから訓練されているのである。

ジョークと
ジョークの
あいだ① **ひと口ジョーク**

　本書のいろいろなテーマのところで紹介しているが，英語のジョークの形式に，ひと口ジョーク（one or two liners）というのがある。その名のとおり，せいぜい1行か2行からなるジョークなので暗記に適している。

　この種のジョークを日頃からストックしておいて，パーティーの席で，あるいはパブで職場でと，その場の雰囲気，状況，場面に応じて臨機応変に使えば，コミュニケーションの潤滑油としておおいに威力を発揮するであろう。

● カードの盗難を届け出しないその訳とは

▷ I had my credit card stolen, but I didn't report it because the thief was spending less than my wife did.
　私はクレジット・カードを盗まれたが届け出はしていない。カードを使用する金額が泥棒のほうが女房よりも少ないからだ。

● ガールフレンドから電話がきたのだが

▷ My girlfriend phoned me yesterday and said, "Come on over, there's nobody home." I went over. Nobody was home.
　昨日ガールフレンドから「家にだれもいないから来てちょうだい」という電話があった。訪ねてみたら，本当にだれもいなかった。

● 結婚指輪をする指を間違えたのは

▷ Karen : Carol, why are you wearing your wedding ring on the wrong finger?
　Carol : Because I married the wrong man.

「ねえ，キャロル，結婚指輪をどうして違った指にしているのよ」
「間違った男と結婚したからよ」

●「沈黙は金なり」なのだが
▷ My wife believes in "Silence is golden", and can talk hours about it.
うちの女房は「沈黙は金なり」という諺をかたく信じている。そして，この諺について何時間でも話ができる。

●女の人というのは
▷ Before marriage a woman expects a man. After marriage she suspects him. After he dies she respects him.
女は結婚する前は相手に期待を抱く。結婚後は相手を疑いの目でみる。相手が死ぬと尊敬の念を抱く。

●日本食によるダイエットの方法とは
▷ There's a new Japanese diet. Order all the food you want, but you're allowed only one chopstick.
日本食による新ダイエットの方法とは，食べたいものはすべて注文する。ただし，ハシは1本しか使ってはいけない。

●イワシから見れば潜水艦とは
▷ What did the sardine call the nuclear submarine?
Only a can of people.
「イワシは原子力潜水艦のことをなんと呼んだのかな」
「人間の缶詰にすぎない」

●反対語にもいろいろあり！
▷ Question: What's the opposite of progress?
Answer: Congress.
「プログレス（進歩）の反対語はなにか」

「コングレス（国会）です」

● いちばん長い単語とは
▷ What is the longest word in the English language?
Smiles — because there's a mile between the first and last letter.
「英語でいちばん長い単語はなにかな」
「それは smiles。最初の文字と最後の文字の間に，1マイル（a mile）あるから」

● 死刑を支持する人には
▷ Anyone who believes in capital punishment ought to be hanged.
死刑を支持する人たちは，みんな絞首刑にすべきである。

● 秘密の愛人とは
▷ A mistress is someone between a mister and a mattress.
秘密の愛人とは男とマットレスのあいだにいる人のことである。

● ウソの数によりけり
▷ One is a lie, two are lies, but three lies become politics.
一度のウソは a lie，二度のウソは lies，三度のウソは政治。

● ゾウさんが見たものは
▷ What did the elephant say to the naked man?
How do you breathe through that tiny thing!
「ゾウがすっ裸の男になんといったか」
「そんなちっぽけなものでよく呼吸ができるなあ」

● コメディアンが好きなバイクとは
▷ What's a comedian's favorite motorbike?

Yama-ha-ha-ha-ha
「コメディアンが好きなバイクとは？」
「ヤマハ，ハ，ハ，ハ，ハ」

●間違い電話なのに！
▷ Husband : I've never seen you put down the phone so fast. It was only ten minutes.
　Wife :　　It was a wrong number.
「めずらしくずいぶんはやく受話器をおいたね。ほんの10分しか話していないじゃないか」
「だって間違い電話だったんだもの」

●タイトルに矛盾あり
▷ There is a new book out called *How To Be Happy Without Money*. It costs twenty dollars.
『お金がなくても幸福になれる方法』という本が出た。それを買うのに20ドルかかる。

●老齢のなによりの証拠とは
▷ You know you're getting old when you begin to realize that history textbooks include events you remember reading about in newspaper.
歴史の教科書に出てくる出来事を，かつて新聞の記事で読んだことがあると思い出すようになると，あなたは年をとってきているということだ。

●野球とゴルフ
▷ Baseball is easier than golf. In baseball, you hit the ball and someone else chases it.
野球はゴルフよりも簡単だ。野球では，ボールを打つとだれかがそれを追いかけてくれる。

II. 暮らしと世の中

12 天気だけは変えられない

　天気は国によって異なる。常夏の国もあれば，半年以上も雪にとざされる国だってある。幸いなるかな，日本には折々の四季がある。この気候風土が俳句というものを生み出したのかもしれない。その証拠に，俳句には「季語」がつきもの。

　イギリスの気候といえば，くるくる変わることで有名。一日のうちに四季があるといわれるゆえんである。だからであろうか，挨拶は，まず，天気のことからということになる。そういえば，「二人のイギリス人が会うとき，彼らはまず天候の話をする」(When two Englishmen meet, their first talk is of the weather.) といったのは，イギリスの作家・辞書編集者のサミュエル・ジョンソン（Samuel Johnson, 1709-84）である。

　さて，観光でハワイを訪れたイギリス人とハワイの住人との会話に耳を傾けてみよう。

▶ Hawaiian : In Hawaii we always have fantastic weather throughout the year.
　Briton :　　Then how on earth do you start a conversation with a stranger?

「ハワイはね，1年をとおしてすばらしい天気なんです」
「それでは，どうやって見知らぬ人と会話の口火を切るのですか」

　天候のことは挨拶代わりに使われるので似たようなジョークにこんなものもある。

☞ **In Southern California, the weather is pretty much the same throughout the year. I wonder how they start a conversation with each other.**

12 天気だけは変えられない

南カリフォルニアでは，1年をとおして気候がまったく変わらない。人々は，お互いにどうやって会話の口火を切るのかなあ。

　北国の冬は厳しい。雪国の厳しさは，雪が深く積もることだけではない。突風にあおられ，雪が積もろうにも積もらない冬のほうが寒さが厳しい。横なぐりの雪が容赦なく，肌を突き刺す。だから，こんなジョークも言いたくなるというものだ。

▶ Duke : Do you get a lot of snow in your village?
　Bram : No, almost all snow goes through here.
「君の村では，かなり雪が降るのかい」
「いいえ，ほとんどが通り過ぎるだけです」

▶ Will : Dick, you're from Siberia ? The weather must be terrible.
　Dick : Oh no ! We have four seasons : early winter, mid-winter, late winter and next winter.
「ディック，君はシベリア出身だったね。気候が厳しいだろうな」
「まったくそんなことないよ，四季があるんだから。初冬，真冬，冬の終わり，翌年の冬とね」

　寒さにかこつけて，じつは弁護士をヤリ玉にあげているジョークもある。弁護士といえばお金にがめついというイメージがある。つまり，人のポケットに手を突っ込む。それを逆手にとって，

▶ It was so cold today, I saw a lawyer with his hands in his own pockets.
今日はとても寒かった。弁護士が，自分のポケットに手を突っ込んでいるのを見かけたよ。

　イギリスが生んだ逆説の名手といえば，ギルバート・チェスタートン（Gilbert K. Chesterton, 1874-1936）をおいてほかにいない。彼は小説家であり，批評家であり，詩人でもある。逆説の名手でなければ書けない，イギリスの天気にまつわる風刺のきいたジョークをひとつ紹介しておこう。

▶ I shall continue to praise the English climate till I die, even if I die of the English climate.
私は死ぬまでイギリスの天気を称賛し続けなければならぬ。たとえ，イギリスの天気が原因で死ぬことがあっても。

　天気がジョークの対象になるということは，当然，気象予報士もその対象になる。予報なので当たることもあれば，当たらないこともある。

▶ No one writes fiction like the weather forecaster.

12 天気だけは変えられない　　　　　　　　57

気象予報士のようにフィクションを書ける小説家はいない。

> ### ♠こんなジョークもあるよ
>
> It was so hot in Tokyo this year that I saw a dog chasing a cat and they were both walking very slowly.
> 今年の東京は，とにかく暑かった。ぼくは，イヌがネコをおいかけているのをみかけたが，しまいにはイヌもネコもゆっくり，ゆっくり歩いていたよ。
> It's always warm and comfortable in Southern California. There when people shiver it means they're having an earthquake.
> 南カリフォルニアはいつも温かくて快適だ。カリフォルニアでは人が「震える」ということは，地震が起きているということなんだ。

13 ダイエットはほどほどに

　食生活が豊かになり，日本でもふとっている人が増えてきた。アメリカでは，人口の2割がふとり過ぎといわれている。このことを反映してか，スーパーマーケットでは低カロリーの食品を用意したダイエット・コーナーがあるし，いろいろな雑誌が，しばしばいかにダイエットするかを特集している。さらに，ダイエット専門の雑誌まで発行されている。アメリカでは，ダイエットが国民的な関心事なのだ。

　ダイエットにはいろいろな方法がある。こともあろうに，この夫人はダイエットのために乗馬をはじめた。その効果のほどはいかに。旦那どうしの会話に耳を傾けてみよう。

☞ **Jim**: My wife is so serious about losing weight. That's why she rides horseback every day.
Tom: Did your wife lose any weight?
Jim: No, but the horse lost ten kilos in one week.

「うちの女房はね，本気で体重を減らそうとしているんだ。だから，毎日，乗馬をやっているのさ」
「それで奥さんの体重減ったのかい」
「それがね，1週間で馬の体重が10キロも減ったんだよ」

　ジョーンは乗馬ではなく，特殊な食事療法でダイエットをはじめたら，まったく予期せぬ結果になった。

▶ **Joan**: I tried this new onion diet — onion for breakfast, onion for lunch, onion for dinner.
Mary: And what's the result?
Joan: I lost a lot of friends.

13 ダイエットはほどほどに

「私ね,タマネギ・ダイエットというのをやってみたの。朝食にタマネギ,ランチにタマネギ,夕食にタマネギを食べるの」
「それで,体重減ったの？」
「友達がだいぶ減ったわ」

　減量道場に行くこともなく,特殊な食事療法でもなく,最もお金のかからないダイエットの方法があった！

▶ The best way to diet is to always keep your mouth closed as well as your refrigerator.
ダイエットの最善の方法は,いつも口と冷蔵庫を閉じておくことだ。

▶ The best place for your bathroom scale is right in front of your refrigerator.
体重計をおいておく最もいい場所は,冷蔵庫のまん前である。

　ダイエットは,すべて精神力の問題とされる。とくに男性の場合,これだけの精神力があれば,ダイエットは間違いなく成功するであろう。

▶ The secret of success on a diet is willpower. That's like going to a topless bar and only looking at the menu!
ダイエットを成功させる秘訣は精神力だ。精神力とはトップレス・バーに行って,メニューだけを見ていることだ。

　なんでもそうだが集団で行うと効果があがる場合がある。この夫人はダイエット道場（health farm）に泊り込み,そのおかげで体重が減り,嬉しさのあまり夫に電話をした。

▶ Wife : I've lost half my weight in four weeks. Can I stay on？
Husband : Sure, at least stay on another four weeks！
「ねえ,あなた,4週間で体重が半分になったの。もっと道場にいてもい

いかしら」
「もちろんだよ，少なくともあと4週間はいなさい」

　この計算だと，あと4週間道場にいたら妻の体重がなくなってしまう！

　だれにとっても，ダイエットのいちばん辛いところは食事を制限することであろう。

▶ The most difficult part with a diet is that you don't eat what you want and eat what you don't like.
ダイエットがたいへん辛いのは好きなものを食べないで，嫌いなものを食べることだ。

　大人がダイエットに励んでいるようすを子供はしっかりと見ている！　小学校の先生と生徒との会話である。

▶ Teacher : Rita, what will you do when you get as big as your mother ?
　Rita :　　Go on a diet, miss.
「リタ，あなたはお母さんのように大きくなったらなにをするの？」
「先生，ダイエットします」

　英語の fat は「デブ」という感じの直接的な言い方だ。だから，この言葉は失礼にあたるので面と向かっては使わないほうがいいであろう。こんな表現の仕方だってあるのだ。

▶ I don't like to say that my friend is fat, but he can take a shower without getting his feet wet.
ぼくは，友達のことをデブなどと言いたくはない。でも，彼は足を濡らすことなくシャワーを浴びることができる。

　何事もほどほどにしておいたほうがいい。あまりにもダイエットに励み体重を落としすぎると，こんなことになる。

13 ダイエットはほどほどに

▶ Her dieting has made her skin and bones. When she drinks tomato juice she looks like a thermometer.
彼女はダイエットのしすぎで骨と皮ばかりになってしまった。トマトジュースを飲むとまるで温度計のようだ。

♠こんなジョークもあるよ

When you start on a diet, the first thing you surely lose is your patience.
ダイエットをはじめて，最初に確実に失うものは忍耐力である。
She went on a diet in fourteen days, but all she lost was two weeks.
彼女は14日間のダイエットをやったが，失ったものは2週間だけだった。

14　テレビという逆説

　世界でテレビ放送を最初に開始したのはアメリカだ。1931年にＣＢＳが実験放送を開始したのである。日本では，1953年から放送が始まった。その後のテレビの普及は，質，量ともにみてのとおり。

　テレビがあまりにも普及したため，暴力番組が社会問題になっていることは周知のとおりだ。ところが，ジョークとなるとテレビと暴力との関係がまるで違ったものになる。

　これはテレビが好きでたまらない子供たちどうしの会話である。

▶ Bill : It's true that television causes violence.
　Jill : Why do you say that?
　Bill : Because every time I switch the television on my dad hits me.

「テレビって，暴力行為の原因になっているというのは本当だね」
「どうして，そう思うの？」
「だって，ぼくがテレビをつけるたびに，パパがぼくをぶつんだよ」

　マスメディアとしてのテレビと新聞。あなたはテレビ派，それとも新聞派。好みの問題はともかくも，新聞にはテレビではどうすることもできない利点がある！

▶ Jack : Television will never replace newspapers.
　Mary : Why ever not?
　Jack : Well, have you ever tried to swat a fly with a television set?

「テレビは決して新聞にとってかわれないだろうよ」
「どうしてとってかわれないと思うの」

14 テレビという逆説

「そうだなあ，君はテレビでハエを叩いたことがあるかね」

これは，オチはそのままで What's the difference between ～？の方式を用いることもできる。

☞ **What's the difference between a newspaper and a television set? You can't swat a fly with a television set.**
新聞とテレビの違いはなにか？　テレビでハエを叩くことはできない。

アメリカの俗語表現でテレビのことを idiot box という。イギリス英語では idiot's lantern（愚か者の幻灯）ともいう。いずれもテレビを軽蔑した表現だ。かつて評論家の大宅壮一は，俗悪番組の多い日本のテレビを「一億総白痴化」と評した。

朝から晩までテレビばかり見ている「テレビっ子」を英語では vid-kid という。テレビを見るということは，たしかに受け身の姿勢だ。活字を読むときのように頭を使わなくてすむ。だから，こんな皮肉なジョークが生まれる。

▶ Watching television is something to do without actually doing anything.
テレビを見るということは，実際にはなにもしていないのに，なにかをしていると思ってしまうことなのである。

テレビにコマーシャルは欠かせない。コマーシャルによってはかなりおもしろいものもある。しかし，コマーシャルの最大の目的は，いかに消費者の購買意欲をくすぐるかにある。化粧品ともなればなおさらだ。

▶ It's very easy to be beautiful as long as you watch the TV commercials.
テレビのコマーシャルを見ているかぎり，美しくなるのはとても簡単なことだ。

さて，この世にはテレビ嫌いの人はたしかにいる。そんな人にはう

かつな質問はご法度だ。

▶ What's the best thing you've seen on television this year? The "off" switch.
「今年，テレビを見てベストだと思ったものはなんですか」
「テレビを切るスイッチだよ」

　テレビに関連していえばテレビ食（TV dinner）がある。アルミ製の皿にのった肉，ポテト，野菜などからなる冷凍食品だ。テレビ食という名がついたのは，テレビを見ながら用意できるからだ。手軽で便利だが，味は劣る。

▶ When I complained to my lazy wife about her TV dinners, she said that there must be something wrong with the antenna.
テレビ食のことで，怠け者の女房に文句をいったら，女房のやつ，アンテナがどこかおかしいというんだよ，まったく。

♠こんなジョークもあるよ

It's true how boring television is getting. Pupils are doing their homework again.
テレビがいかにつまらなくなってきているかは本当だ。子供たちが宿題をやりはじめているから。

I know a woman who has cooked so many TV dinners she thinks she's in show business.
いつもテレビ食ばかり料理する女を知っているが，彼女は自分がショー・ビジネスの世界にいると思っているんだな。

パーティー・ジョークを発信する(3)

日本では，飲み会があったときに二次会はカラオケに流れることが多い。欧米では，パーティーのときに順番にジョークを言い合うことが多い。そのとき，大事なことは咄嗟に言えるジョークを普段からストックしておくことだ。

遠慮してなにもしゃべらずに黙っていてはいけない。そして，ジョークを言うときには一定のスピードが要求される。ジョークをダラダラと言ったのではパンチ力がなくなり，おかしさが半減する。

アルコールがまわり，みんなが陽気になり場が盛り上がってきたときに，ぼくが好んで言うジョークがある。

Patient : Doctor, do you think I'll live another 20 years?
Doctor : Do you drink?
Patient : No.
Doctor : Do you smoke?
Patient : Never.
Doctor : Do you have any sexual activities?
Patient : Oh no! Doctor!
Doctor : Then what the hell do you want to live another 20 years for?

「先生，私は，あと20年生きられると思いますか」
「あなたは酒を飲むかね」
「飲みません」
「タバコのほうはどうかな」
「一度も吸ったことがありません」
「セックスのほうはどうかな」
「先生，そんなこととんでもありません」
「それでは，なんのためにあと20年生きたいのかね」

パーティーにはアルコールがつきものだ。当然，タバコを吸う人もいれば，酒なしでは生きられない人もいる。カップルでくる人も多い。アルコールが入ればこそ，セックスが話題になることもある。それゆえ，このジョークはいつ使ってもかなりうける。

15　コンピュータは正直者

　コンピュータは単なる計算機ではない。膨大な量の情報処理を迅速に行う。たとえば，分類，比較，抽出などなど。だから，コンピュータはありとあらゆる分野に進出してきている。人類が月に到達できたのもコンピュータのおかげだ。

　ところで，そのコンピュータだが，意外な分野にまで進出してきている。コンピュータによる理想の相手探し（computer dating service）だ。しかも，コンピュータの場合には，人間とは違い，思ってもみないことは言わない。あくまでもお客さんの要望に忠実であり，自分の「感情」に左右されることはないのである。その例を2つ。

▶ A young man asked the computer to find him the ideal marriage partner:
"I want to marry a young girl who is small, and cute, loves water sports, and enjoys group activities."
The computer replied: "Marry a young penguin."
若い男が理想の結婚相手を求めてコンピュータに相談することにした。
「若くて小柄で，かわいい人，水上スポーツが好きで，グループで行動することが好きな人と，ぼくは結婚したいのです」
「若いペンギンと結婚しなさい」というのが，コンピュータの答えだった。

▶ A young girl went to a computer dating service and asked :
"I really want to meet a guy who's six feet six, strong, fears no one, and who'll bite me on the ear." So they introduced her to a crocodile.
コンピュータによるデートサービスを訪ねた若い女性が「背の高さは，

15 コンピュータは正直者

6フィート6インチで，強くてだれをも恐れない人。それと，耳を噛んでくれる人」という強い希望を述べた。コンピュータは，彼女にワニを紹介した。

　コンピュータの情報処理能力は抜きんでている。しかも，正確で速い。たとえば，人間の手作業では，何日もかかる仕事をコンピュータは瞬時に終了させてしまう。コンピュータの導入により，労働の負担がぐんと軽くなる。そこで，セールスマンにすすめられ，現代っ子の秘書は考えた。

☞ **Salesman : The latest model computer will cut your workload by 50 per cent.**
Secretary : That's great ! I'll take two of them.

「この最新型のコンピュータで，あなたの仕事の負担を50％は減らせますよ」
「それはすばらしいわね。このコンピュータを2台買いましょう」

　コンピュータはたしかに便利だ。コンピュータ革命と言われるのもわかる。しかし，コンピュータに頼りきると思わぬことが起こる。

▶ A wife met her husband at the train station after work.
"What was your day like ?" she asked.
"Dreadful" replied the husband, "the computer broke down and I had to think all day long."

仕事を終えてから，妻が夫と駅で待ち合わせをした。
「ねえ，あなた今日は，仕事どうだったの」
「最悪だったよ。コンピュータが壊れてしまって，一日中，自分で考えなくてはならなかったんだよ」

　コンピュータだって人の子（？）。いつもいつも正常に働くとはかぎらない。酷使されたり，年齢によっては，ときに記憶喪失にかかることもあるだろう！

15 コンピュータは正直者

▶ The alarm on the computer beeped and a message flashed on the screen : MEMORY LOST.
The secretary typed in : WHEN ?
The computer screen flashed : WHEN WHAT ?

コンピュータの警告音がなり,「記憶喪失」という文字が画面にあらわれた。
秘書は「いつのこと？」とコンピュータに入力した。
そうしたら「いつって,なんのこと？」と,画面にあらわれた。

　たかがコンピュータ,されどコンピュータ。仕事のうえでは人間がいつも主役でなくてはならないのだが,こんなふうに辛辣なことを言う人もいる。

☞ **You should not forget that computers can't think for themselves. They're just like any other worker in your office.**
コンピュータというのは,自分では考えることができないということを忘れてはいけない。つまり,君の会社の社員と同じだということだ。

♠こんなジョークもあるよ

Our company has a very old computer like an antique. It runs on candles.
わが社のコンピュータは骨董品のようにとても旧式でね。ロウソクで作動するんだ。
Don't play computer games with children, unless you enjoy being humiliated.
恥ずかしめられることを楽しむのでなければ,子供たちとコンピュータ・ゲームをやってはいけない。

16 能天気なドライヴ

　日本では運転免許を取るのにとにかくお金がかかる。まず,自動車学校に行かなくてはならない。それに対して,アメリカやイギリスでは免許取得は安上がりだ。他の国々でも日本ほど高くはないはずだ。
　アメリカでもイギリスでも,子供は親から運転の仕方を習う。イギリスでは,数千円送ればすぐに仮免許証が送られてくる。これがあれば,その日から隣の席に運転免許証をもっている人が同乗していれば,普通の道路を自由に運転してよい。
　さて,運転は注意深くしたほうがいい。その注意深い運転手の見本を具体的に示そう。

▶ A careful driver is the one who just saw a driver ahead of him get a traffic ticket.
注意深い運転手とは,前に走っている車の運転手が交通違反の切符をきられているところを見た運転手のことである。

　交通違反で多いのは,圧倒的にスピード違反(speeding)だ。だが,ひらきなおりというか,こんな弁明のしかただってある。警察官と違反者とのやりとりである。

☞ **Policeman : Didn't you see the thirty miles per hour sign?**
　Driver :　　No, officer, I was driving too fast to see it.
「君,制限速度が時速30マイル(約48キロ)の標識を見なかったのかね」
「お巡りさん,見えませんでした。あまりにもスピードを出していたものですから」

16 能天気なドライヴ

こんな弁明が通用するはずがない。スピード違反をした場合には率直に認めるべきだ。素直に認めないとこんなことになる！

▶ Policeman : You're charged with driving at one hundred miles per hour on an expressway.
　Driver : 　I was certainly not driving at one hundred miles!
　Policeman : Were you driving at sixty miles?
　Driver : 　No, officer!
　Policeman : Thirty miles?
　Driver : 　No!
　Policeman : At least ten miles?
　Driver : 　No! No!
　Policeman : Okay, you'll be fined one hundred dollars for parking on an expressway!

「君は高速道路を 100 マイルも出してスピード違反だぞ」
「100 マイルだなんて，絶対にそんなスピードを出してませんよ」
「じゃあ，60 マイルか」
「ちがいますよ，お巡りさん！」
「30 マイルか」
「ちがうってば！」
「少なくとも 10 マイルか」
「ちがう，ちがう！」
「もういい，高速道路上での駐車ということで 100 ドルの罰金だ！」

　車を運転している人なら多かれ少なかれひやりとした体験があるはずだ。衝突事故とまでいかないにしても，車をどこかにぶつけてしまったり，こすりつけてしまったりという程度の小さな事故は多くの運転手が体験しているはずだ。
　同じ事故でもジョークの世界の事故はスケールが大きい。夫と妻のやりとりである。

▶ Husband : Honey, how could you get the car into the living room?
Wife :　　I turned left at the kitchen.
「ねえ，リビングルームに車があるがどういうことなんだい」
「キッチンでハンドルを左にきったら，こうなったのよ」

　ブレーキが故障して衝突が避けられないときには，こんな名案（?）がある。教官と運転を習っている人との会話である。

▶ Instructor : What would you do if you were coming down that very steep hill into town and your brakes suddenly failed?
Learner :　　Hit something cheap.
「街へ通ずるかなりの下り坂を運転しているときに，ブレーキが急に故障してしまったら，どう対処しますか」
「なにか安っぽいものに車を衝突させます」

　高価なものに衝突させてしまったら，そのあとの弁償がたいへんというものだ。

♠こんなジョークもあるよ

I have a car specially designed for ten people — one driving and nine pushing.
私は，特別に設計した10人用の車をもっている。1人が運転し，9人が後押しするのさ。
Max : My son drives like lightning!
Jay :　You mean he drives very fast?
Max : No, he's always striking trees!
「うちの息子は稲妻のように車を運転するんだ」
「そんなにスピードをあげるのかい」
「ちがうよ，いつも木に衝突するのさ」

16 能天気なドライヴ

17 どこか抜けてる警察官

　どこの国でも警察の仕事は容易なことではない。まさに，命がけの仕事だ。イギリスの警察官はふつうは丸腰だが，アメリカの警察官はピストルを多用する。でなければ，自分が撃たれるからだ。諸外国と比較して，アメリカは殉職警察官の数も多い。1792年に最初の殉職者が出てから，これまでに1万5千人以上もの殉職者が出ている。

　アメリカでは，州，郡，市など，それぞれの行政単位ごとに警察がある。国際的な犯罪やスパイ事件などは，連邦捜査局（FBI＝Federal Bureau of Investigation）が担当する。

　さて，ふつうは，FBIと聞いただけで泣く子もだまるのだが，この人の応対は心の余裕を超えている！

▶ A man woke up at midnight when he heard loud knocking on his front door.
"Who's there?" he called.
"It's the FBI!" was the reply.
"Could you spell that for me, please?" the man asked.

真夜中に玄関のドアを叩く大きな音がして，その男は目をさました。
「どちらさんですか」男は大声で言った。
「FBIだ！」という声がした。
「FBIのつづりを省略せずに言ってくださいませんか」その男はたずねた。

　このジョークはもっと簡略化することもできるし，イギリスで使う場合には，FBIをCID（ロンドン警視庁犯罪捜査部）にすればわかりやすい。

17 どこか抜けてる警察官

☞ **FBI : Open up! It's the FBI!**
Man : Could you spell that for me, please?

　警察による検挙率がすこぶる高く，すばらしい仕事をしているということは，刑務所の状態はどうなのか。

▶ The police are doing an excellent job. I mean, look at the prisons all over the country — they're all full.
警察はとてもよくやっているじゃないか。全国の刑務所を見てみなよ。みな囚人であふれているじゃないか。

　これはあながちジョークではすまされない。日本もそうなってきたが，アメリカでは刑務所の過密状態が悩みの種なのだ。その解決策のひとつとして代替刑罰を取り入れている州もあるくらいだ。

帰宅途中の酔っぱらいが夜道を千鳥足で歩いていたら，警官に呼び止められたのだが，

▶ Policeman : Where are you going at this time of night?
Drunk :　　　I'm going to take a lecture, officer.
Policeman : Who's giving it?
Drunk :　　　My wife.

「こんな夜遅くに，どこへ行くのかね」
「お巡りさん，ぼくは説教を聞きに行くのです」
「だれが説教するのかね」
「うちの女房です」

なんのことはない。この酔っぱらいは，女房には頭があがらないというわけだ。英語では「恐妻家」は，henpecked husband，「彼の家はかかあ天下だね」は，"His wife wears the pants [trousers] in his family." という。

つぎは，発音もスペリングも同じだが，警官がコンタクトの意味を取り違えたもの。

▶ After checking the license of the driver he'd stopped, the traffic cop said, "It says you should be wearing glasses."
"But officer, I have contacts."
"I don't care who you know, you're violating the law."

その車に停止命令を出し，免許証をチェックしてから「あなたはメガネをかけて運転することになってますよ」と，警官は言った。
「おまわりさん，私はコンタクトをつけてます」
「君がだれとコンタクトをとるのか知ったことじゃない。交通違反なんだからな」

いたずら電話など悪用されるのを防ぐため，自分の電話番号を電話帳に載せていない人がいる。ニューヨークなどの大都会ではとくにそうだ。ところが，このジョークでは，

17 どこか抜けてる警察官

▶ Crimes are so serious in our city that the police department now has an unlisted telephone number.

私たちの町は犯罪が最悪の状態で,警察署が電話番号を電話帳に載せていないんだよ。

　猛スピードで走っている車がいたので,警官が停止命令を出し,問いただしてみると,なんと思わぬ答えがかえってきた。

▶ Policeman : Lady, you were driving over eighty miles per hour!
　Lady : Oh, isn't that great. I only learned how to drive yesterday.

「お嬢さん,時速80マイルをこえているぞ!」
「あら,すばらしいことじゃありません。私は昨日運転を習ったばかりなのよ」

♠こんなジョークもあるよ

My friends call me an optimist because every time a policeman drives alongside and asks me to pull over, I think he wants to ask for directions.

友達はぼくのことを楽観主義者という。ぼくはパトカーが寄ってきて,車の停止を命ぜられたときには,いつも警官が道順をたずねるためだと思うからだ。

If the policemen arrest a mime artist, do they tell him he has the right to remain silent?

警官がパントマイムの芸人を逮捕したとしたら,彼に黙秘権があるというのかな。

18 現代版：罪と罰

　この世には，いろいろな法律がある。法律は国によって異なる。日本では，憲法改正ということば自体がいまだにタブーだが，アメリカではしょっちゅう憲法を改正している。死刑が禁止されている国もあれば，死刑が認められている国もある。
　アメリカでは連続殺人などを犯した場合，100年以上の刑を言い渡されることだってある。だから，こんなジョークも可能なのだ。

▶ Judge：　　One hundred years in prison with hard labor.
　Prisoner：But, Your Honor, I won't live that long!
　Judge：　　Don't worry, serve as long as you can.
「懲役100年の刑を言い渡す」
「裁判長，私はそんなに長く生きてはいられません！」
「心配することはない，可能なかぎり服役しなさい」

　日本とは違い，アメリカでもイギリスでも偽証は重い罪になる。不倫にまつわるこの裁判でコーエン嬢は正直（？）に証言した。

▶ In the court the judge frowned and said:
　Judge：Miss Cohen, you admit that you stayed in a hotel with this man?
　Cohen：Yes, I do. But I couldn't help it. He cheated me.
　Judge：How did this man cheat you?
　Cohen：Well, he told the receptionist I was his wife.
裁判所で，裁判官がまゆをひそめて言った。
「コーエンさん，あなたはこの男と一緒にホテルに泊まったことを認めるのですね」

「はい，認めます。しかたがなかったんです。彼が私をだましたのです」
「そうなのかい。彼のだましの手口とは？」
「彼はホテルのフロントで，私のことを自分の妻だと言ったんです」

　自分の妻を銃で殺した囚人と，その囚人の友人，マイケルとのやりとりである。

▶ Michael : What sort of a crime did you commit ?
Prisoner : I killed my wife.
Michael : How long will you be in prison ?
Prisoner : A month.
Michael : Only a month in prison for killing your wife ?
Prisoner : That's right. Then I get hanged.

「君はどんな罪を犯したのかね」
「妻を殺したんだ」
「服役の期間はどれくらいなんだい」
「1か月さ」
「えっ，妻を殺したのにたったの1か月なのかい」
「そうだよ。それから，絞首刑になるのさ」

　裁判に弁護士は欠かせない。アメリカでは，弁護士の力量によって裁判の結果が大きく左右される。ところが，この弁護士の場合は，

▶ A lawyer was talking to a client who had just been found guilty of murder. "There's good news and bad news," said the lawyer. "The bad news is you're getting the electric chair. The good news is I got the voltage lowered."

弁護士が，殺人の罪で有罪になった依頼人と話をしていた。
「悪い知らせと良い知らせがあるんだよ。悪い知らせはね，君は電気椅子にかけられるんだ。良い知らせなんだがね，私が電圧を下げてやるよ」

一夫多妻が認められている国ならいざしらず，重婚は罪になる。幸い，この容疑者は重婚の罪を免れることができたが，新たな悩み事に直面した。

☞ **Judge :　Not guilty of bigamy. You may go home.**
Suspect : Thank you very much, Your Honor. Which one ?

「重婚の罪には問いません。自宅に帰ってよろしい」
「裁判長，本当にありがとうございます。どちらの妻のもとに帰ってもよろしいのでしょうか」

　陪審制はイギリスで生まれたが，アメリカで活発に運用されている。陪審員は法律に関しては素人なのである。だから，皮肉まじりのこんなジョークが生まれるのである。

▶ **A jury consists of twelve persons who determine which side has a better lawyer.**

陪審員は，告訴する側とされる側のどちらがより優秀な弁護士をかかえているかを決める12人から構成される。

♠こんなジョークもあるよ

Judge :　Why did you hit the man with the chair ?
Suspect : The desk was too heavy to lift, Your Honor.
「君はどうしてその男を椅子で殴りつけたのかね」
「裁判長，机は重すぎて持ち上げることができなかったからであります」
A prison is the only place where you never worry about your rent.
刑務所は家賃を心配しなくてもいい唯一のところである。
The judge gave the man who stole a calendar twelve months.
裁判官はカレンダーを盗んだ男に12か月の刑を言い渡した。

アールズ・コートの安宿で

　ロンドンのアールズ・コート (Earls Court) には、B & B (Bed & Breakfast の略) という名の安宿がひしめくように建っている。全部で何十軒あるのだろうか。そのなかのひとつがぼくの常宿だ。

　ぼくは、この宿のオーナーとは親しい関係にある。なんのことはない。会えば、お互いにパブに行きジョークを連発する仲なのである。オーナーの名前はトニー。トニーは、ぼくが日本で英語の教師をしていることがわかると、あるときこんな質問をしてきた。

What's the opposite of "cock-a-doodle-doo"?
(コケコッコーの反対語はなにか知っているかね)。

　白の反対語は黒であり、大きいの反対語は小さいだ。ジョークとわかりつつも、コケコッコーの反対語などあるはずがない。ぼくがあっさり降参すると、なんと、Cock-a-doodle-don't. (コケコッコーと鳴かない) というとんでもない返事がかえってきたのだ。完全にぼくの負けだ。一本とられたとはこのことである。

　ジョークを言い合う仲になったときに、いちばんいけないのはやられっぱなしである。汚名返上のために、すぐさま反撃を開始しなくてはならぬ。

　ぼくは翌朝、わざとジョークをいう素振りをまるで見せず真顔で、Can I borrow a saw？ (ノコギリを貸してくれないかね) と言った。トニーは大きな目をくりくりさせながら驚いたようすだったので、ぼくは間髪を入れずいってやった。

Last night when I went to bed I had horrible dreams that there were hideous black monsters under my bed. So I'm going to cut the legs off the bed.
(昨日の夜、寝ていたらベッドの下をぞっとするような黒い怪物がいまわっている恐ろしい夢を見たんだ。だから、ベッドの下に怪物が入れないようにベッドの脚を切ってしまうのさ)

　トニーの大きな笑い声につられて、フロントにいたほかのスタッフまで大笑いした。

19 酔っぱらいの コモン・センス

　昔から「酒は百薬の長」といわれる。適度の酒は体にいいというわけだ。2日に1合程度と少量の酒を飲む人のガンの死亡率は，まったく飲まない人より低いという統計もある。「酒は大きな楽しみを与える」(Wine gives great pleasure.) と言ったのは，サミュエル・ジョンソンである。ギリシアの格言に「酒が入ると真実が出る」(Wine in, truth out.) というのもある。

　だが，ジョークの世界ではそうはいかない。ジョークの世界では，飲酒，酔っぱらいは徹底して笑い，からかいの対象にされる。2人の酔っぱらいが，いつものお気に入りのパブで会った。

▶ Richard : What's the date, Michael ?
　Michael : I don't know.
　Richard : Well, look at that newspaper in your pocket.
　Michael : No use. It's yesterday's.

「マイケル，今日は何日だい」
「そんなのわからんよ」
「ポケットに突っ込んである新聞を見ればいいじゃないか」
「ダメだよ，これは昨日の新聞なんだから」

　ロンドンでもニューヨークでも，パブに行ったときに，ぼくが好んで使うジョークがある。

☞ **"What's your favorite drink ?"**
　"The next one."

「あなたが好きな酒はなんですか」
「つぎの，もう一杯だよ」

19 酔っぱらいのコモン・センス

　ただし，ぼくはこのジョークをいきなり使わない。まず，ジョークをいうそぶりを見せず，真顔で相手に好きな酒の種類を聞く。当然，「ビール，ウイスキー，ワイン」などという答えがかえってくる。そして，「ぼくが好きな酒の種類を聞いてくれ」という。そのときに，"The next one." と答えてやるのである。このほうが効果があるし，間違いなく笑いを誘うことができる。

　ジョークをいう雰囲気，状況によりけりだが，こんな短いものだっていい。

▶ It's okay to drink like a fish as long as you drink what the fish drinks.
酒を浴びるほど飲んだっていいんだよ，魚が飲んでいるものを飲んでいさえすれば。

▶ If you drink like a fish — swim — don't drive.
大酒を飲んだときは車を運転してはいけないよ。泳いで帰りなさい。

　この2つのジョークでは，drink like a fish 「酒を浴びるほど飲む，大酒を飲む」というイディオム表現が巧みに使われている。じつは，英語のジョークでは，しばしばイディオムが使われる。だから，ジョークを理解するには，最低限度のイディオムの知識が必要になる。ここがジョークのむずかしいところでもある。
　手前みそで恐縮だが，『感情表現・発想別英語イディオム活用辞典』（大修館書店）を利用していただければ幸いである。

　同じ酔っぱらいでも，こんなジョークはどうであろうか。ある夕方，父親は息子といっしょにパブでビールを飲んでいた。そして，父親は酒におぼれることの害悪について息子に言い聞かせていた。

▶ Father : Drinking is all right, son, but to get drunk is a disgrace.
　Son :　　How would I know when I'm drunk ?

Father : See those two men there? Well, if you saw four you'd know you were drunk.
Son : But, Dad, I can only see one man there.
「息子よ，酒を飲むのはいいんだが酔っぱらっちゃだめだぞ」
「お父さん，酔っぱらうとどうなるの」
「ほら，あそこに男が2人いるだろう。それが4人に見えてきたら酔っぱらっているということさ」
「でもお父さん，あそこには男の人ひとりしかいないよ」

　たしかに，酒を飲みすぎると体にいいはずはない。過度の飲酒は，肝臓ガン，肝硬変とつながっていく。最悪の場合，アルコールが原因で死ぬ人もいるのだが，おなじアルコールが原因でもベティのお父さんの場合には，特殊とでもいおうか。

▶ Betty : I'm against liquor. It was the cause of my father's death.
Leisa : Drank too much, did he?
Betty : No. A case of whisky fell on his head.
「私は，アルコール類には反対だわ。うちの父はアルコールが原因で死んだの」
「あなたのお父さんは，そんなにお酒を飲んだの」
「ちがうの，ウイスキーの入った箱が上から落ちてきて父の頭にあたって死んだの」

　トムとジムは長年の飲み友だちだ。閉店の時間がせまり，お互いがかなり酔ってくると，幸せな会話をかわすことになる。

▶ Tom : Jim, do you know what time it is?
Jim : Yes.
Tom : Thanks.
「ねえ，ジム，いま何時か知ってるかい」
「知ってるよ」

19 酔っぱらいのコモン・センス

「ありがとう」

　少しの酒ならいいが，度がすぎると酒には幻覚作用（？）があるらしい！　恋人どうしがパブで一杯やっている。

▶ Paul : Drink makes you look very beautiful and sexy.
　Dora : Paul, I haven't been drinking.
　Paul : No, but I have.

「酒が入ると君はとてもきれいで，セクシーになるなあ」
「ねえ，ポール，私まだ飲んでないわよ」
「そうだよね，ぼくが酔っているんだ」

♠こんなジョークもあるよ

My father drinks to forget that he drinks.
うちの父は，酒を飲んでいるということを忘れるために酒を飲む。
Bartender, was I in this pub last night, and did I spend fifty dollars?
Yes, you did.
That's a relief! I was afraid I'd lost all the money I had.
「ねえ，マスター，昨日の晩，ぼくはここで飲んで50ドル使ったかね」
「そうだよ」
「ああ，よかった。あり金ぜんぶ落としたかと思ったよ」

20 禁煙の秘訣，喫煙の口実

　どこもかしこも，タバコを吸う人にとってはますます肩身がせまくなってきた。プラットホームでタバコを吸える時間帯は限られているし，会議の席では禁煙のところが急速に増えている。

　アメリカでもイギリスでも禁煙運動が徹底して行われている。飛行機の中だけでなく，全面禁煙の空港はいくらでもあるし，オフィスでもレストランでも禁煙のところが多い。

　さて，タバコをやめたいと思っている人は多いはずだが，この方法を試してみては！

▶ It's a piece of cake to stop smoking. All you need is a strong will, determination, and a pack of wet matches!
タバコをやめるなんてとても簡単なことさ。すべて必要なことは，強い意志，決断力，それに湿ったマッチをもって歩くことさ。

　タバコが健康を害するか，そうでないかについて長い間議論の的だったが，どうやらタバコは体にはよくないらしい。しかし，もっと体に悪いタバコの吸いかたがあったのだ！

▶ Mrs. May : Doctor, my husband is a chain smoker.
　Doctor : 　But, Mrs. May, many men smoke.
　Mrs. May : I know, Doctor, but he inhales.
　Doctor : 　Lots of smokers inhale.
　Mrs. May : But, Doctor, he doesn't exhale at all.
「先生，うちの旦那は立て続けにタバコを吸うのです」
「奥さん，男はたいていタバコを吸いますよ」
「そうですが，先生，うちの旦那は煙を吸い込むのです」

20 禁煙の秘訣，喫煙の口実

「タバコを吸う人というのは，煙を吸い込みますよ」
「でも先生，うちの旦那は，吸い込んだ煙をまったく吐き出さないのです」

　タバコを吸う人には世間の風当たりが強いが，タバコが好きな人どうし，開き直りと言われようとなんと言われようと，こんなジョークはどうであろうか。

☞ **I read so much about the bad effects of smoking, so I decided to quit reading.**
タバコが体に悪いという本をたくさん読んでね。それで，ぼくはそういう本を読むのをやめることにしたんだ。

　開き直りと言えば，やはり，マーク・トウェーンに再び登場してもらわなくてはなるまい。

▶ It has always been my rule never to smoke when asleep, and never to refrain when awake.
眠っているときに，決してタバコを吸ってはならない。起きているとき

は，決してタバコを控えてはならないというのが，私のルールだ。

　タバコをやめた人は食事がおいしくなったとか，なかには空気がおいしくなったという人までいる。そのとおりであろうが，タバコをやめるとこんな利点だってある！

▶ I quit smoking. I feel better, I smell better, and it's safer to drink from old beer cans around the kitchen.
ぼくはタバコをやめた。気分はいいし，タバコの匂いもしない。それに，キッチンに転がっている古いビールの缶から安心してビールが飲める。

　アメリカでもイギリスでもタバコはべらぼうに高い。イギリスではタバコ1箱が800円くらいする。アメリカだって600円はする。だからであろうか，ロンドンでもニューヨークでも街角でタバコをふかしていると，よくタバコをたかられる。
　タバコをたかる人というのはホームレスの人たちが多いが，そうでない人もいる。いずれにしてもタバコをたかる人が使いそうなジョークをひとつ。

▶ How many cigarettes do you smoke a day?
　Oh, any given amount.
「あなたは一日に何本タバコを吸いますか」
「人からもらった数だけですよ」

　タバコを吸う人にとっては，一杯やりながらのタバコ，食事のあとのタバコはなんともいえない。同じ食事のあとのタバコでもこの旦那の場合には，

▶ Mrs. Orben : I heard your husband smokes only after meals, is it true?
　Mrs. Kiley : Yes, after his meal, after my meal, after our children's meal...

「お宅のご主人，食事の後だけしかタバコを吸わないとお聞きしましたが，本当なんですか」
「そうですよ。彼が食事を終えた後，私が食事を終えた後，それに子供たちが食事を終えた後にしか吸わないんです」

　日本でもそうだが，アメリカでとくに問題になっているのは，間接喫煙についてだ。つまり，自分はタバコを吸わなくても吸っている人のタバコの煙を吸い込んでしまうということだ。しかし，間接喫煙についてこう考える人もいる。

▶ I don't know why people complain about secondhand smoke. At nearly five dollars a pack, don't they realize how much money they're saving?
間接喫煙について文句を言う人の気持ちがわからないなあ。タバコ1箱5ドルちかくもするのに，その人たちはタバコ代をどれだけ節約できているか，わからないのかなあ。

♠こんなジョークもあるよ

I quit smoking and it was a very disappointing experience. I found out my teeth are really brown.
タバコをやめたんだが，とてもがっかりしたことがあるんだ。ぼくの歯はもともと茶色だったということがわかったんだ。
Patient : I can't stop smoking, doctor.
Doctor : Try wine gums.
Patient : They're no good.
Doctor : Why not?
Patient : I've a big trouble lighting them.
「先生，タバコをやめられないんです」
「ワイン・ガムを試してみてはどうかな」
「それがダメなんですよ」
「なぜだい？」
「火をつけるのがたいへんなんです」

21 たかが電球交換と言うなかれ

　このタイトルを見ただけで，おやっと思う人が多いのではあるまいか。いくらなんでも電球の交換がジョークの対象になろうとは！

　ところが英語の世界では，ジョークの一分野として立派に確立し，それなりの歴史があるのである。

　この種のジョークは，1970年代の後半からアメリカやイギリスで盛んに使われるようになった。もっとも，電球の交換自体は付け足しにすぎなく，問題はそのあとだ。

☞ **How many New Yorkers does it take to change a light bulb?**
At least 10. One to change the bulb and nine to protect him from muggers.

「ニューヨークの人が電球を交換するのに何人必要か」
「少なくとも10人。1人が電球を交換し，9人がひったくり強盗から彼を守る」

　昔からくらべると，ニューヨークはずいぶんきれいで，安全な街になったが，それでも，犯罪の街というイメージは払拭できない。そのことを強烈に皮肉ったものだ。

　毎年，多くの日本人が観光で海外にでかける。じつは，日本人の観光客もこのジョークのターゲットになっている。

▶ How many Japanese tourists does it take to change a light bulb?
Forty. One to change the bulb and thirty-nine to take

photographs of the event.
「日本人の観光客が電球を交換するのに何人必要か」
「40人。1人が電球を交換し、39人が交換しているところを写真に撮る」

　このジョークは海外旅行したときに写真を撮りまくる日本人を揶揄しているが、あえて弁護しておけば、日本人は、とくに海外旅行をしたときには、いろんな場面を思い出として残しておきたいのである。

　コンピュータに代表される情報科学技術の時代を反映して、こんなジョークまである。

▶ How many computer programmers does it take to change a light bulb?
At least two. One always changes jobs in the middle of the

project.
「コンピュータ・プログラマーが電球を交換するのに何人必要か」
「少なくとも2人。1人はいつも事業計画のさなかに仕事を変えるから」

　日本もそうなってきたが，能力主義を最優先するアメリカでは，たしかに，より条件のいい職場を求めてコンピュータ・プログラマーの出入りは激しい。

　この形式を応用すれば，弁護士の弁護料の高さもヤリ玉にあげることができる。

▶ How many lawyers does it take to change a light bulb?
How many can you afford?
「弁護士が電球を交換するのに何人必要か」
「あなたは弁護士を何人雇える経済的な余裕がありますか」

　この種のジョークの特徴は，導入部分として「〜が電球を交換するのに何人必要か」を使えば，人物，場面，状況に応じて無限にジョークをつくることができる。たとえば，お金にこまかくドケチの人を餌食にしようと思えば，こんなジョークだって可能だ。

▶ How many stingy persons does it take to change a light bulb?
None. It's all right, I'll just sit here in the dark.
「ドケチな人が電球を交換するのに何人必要か」
「1人も必要なし。電球を交換しなくたっていいんだよ。暗いところでじっと座っているというから」

　さて，つぎはロンドンの地下鉄の事情に詳しい人にとっては爆笑ものだ。

▶ How many London underground train staff does it take to change a light bulb?

21 たかが電球交換と言うなかれ

Two. One to change the bulb and one to apologize for the delay.
「ロンドンの地下鉄のスタッフが電球を交換するのに何人必要か」
「2人。1人が電球を交換し，もうひとりが，そのため電車が遅れていることを謝罪する」

たしかに，ロンドンの地下鉄はいろんな理由でよく遅れる。そして，そのつど，決まりきったようにお詫びのアナウンスがある。

「お役所仕事」という言い方がある。やたらに形式主義にとらわれ作業の効率が極めて悪いということだ。

▶ How many civil servants does it take to change a light bulb? Twenty. One to change the bulb and nineteen to do the paperwork.
「公務員が電球を交換するのに何人必要か」
「20人。1人が電球を交換し，あとの19人がそのための事務手続きの仕事をする」

♠こんなジョークもあるよ

How many real men does it take to change a light bulb?
None. Real men aren't afraid of the dark.
「男らしい男が電球を交換するのに何人必要か」
「1人もいらない。男らしい男は暗やみを恐れないから」
How many poets does it take to change a light bulb?
Three. One to curse the darkness, one to light a candle, and one to change the bulb.
「詩人が電球を交換するのに何人必要か」
「3人。1人が暗やみを呪い，もう1人はロウソクをつけ，もう1人が電球を交換する」

22 教会でいちばん困ること

　日本では宗教を笑いやジョークの対象とすることはまずない。ある種のタブーだ。「坊主丸もうけ」とか「坊主憎けりゃ袈裟まで憎い」などと庶民はいうが，これはジョークではない。痛烈な風刺であり，皮肉であろう。

　「お互いが憎みあうようにするための宗教は数多くあるが，お互いが愛しあうようにさせるための宗教は少ない」(We have just enough religion to make us hate, but not enough to make us love one another.) と言い切ったのは，アイルランド生まれのイギリスの作家，ジョナサン・スウィフト (Jonathan Swift, 1667-1745) である。

　英語の世界では，教会，牧師，聖書，神にまつわるジョークがなんと多いことか。まず，かわいらしく，かつ小憎らしいジョークから。

▶ The Sunday School teacher was discussing Creation.
"Now, class, who can tell me what makes the flowers spring from the seed and then grow and grow?"
One little boy held up his hand.
"God does it, but fertilizer sure helps," he replied.

日曜学校の先生が，生徒たちに天地創造について話をしていた。
「ねえ，みなさん，種から花が咲き，どんどん大きくなっていくでしょう。なぜそうなるのか，誰か答えられる人いるかな」
「神様のおかげです。でも，肥料も手助けしています」男の子が手をあげて答えた。

　教会を維持していくにはお金がかかる。どこの教会もその維持費を確保することがたいへんらしい。

22 教会でいちばん困ること

▶ A church never has to worry about the members who clasp their hands during the prayer. It's the members who close their eyes and clasp their hands only during the collection.
お祈りをしているときに,教会員が手を握りしめていることについては,教会はまったく心配する必要がない。心配するのは寄付金を集めるときだけ目をつぶり,手を握りしめている教会員についてだ。

神父さんの評価の仕方にもいろいろとあるようだ。ただし,この種のジョークを解釈する場合,モニカはこれまでどんな罪深いことをしてきたんだろうなどと深入りして考えてはいけません！

▶ Helen : What do you think of the new priest, Monica?
Monica : He's very good. I didn't know much about sin until he came.
「モニカ,新しくきた神父さんのことどう思う？」
「それがとてもいいの。彼が来るまでは,私は罪というものについてまるでなにも知らなかったわ」

教会で説教を聞いている間,眠くならないといったらウソになる,と言ってしまったら不謹慎か。じつは,教会にまつわるジョークのなかで,「教会での居眠り」は定番だ。

☞ Alan : How late do you usually sleep on Sunday morning?
Mike : It all depends.
Alan : Depends on what?
Mike : The length of the sermon.
「日曜の朝,どれくらい遅くまで寝ているんだい」
「すべてよりけりだね」
「なによりけりだよ」
「説教の長ささ」

カミラは生まれてはじめて教会へ行った。牧師さんから礼拝に参加した感想を聞かれて，率直に感想を述べた！

▶ Minister : How did you like your first church service, Camilla?
　Camilla : Well, the music was very nice, but the commercial was too long.

「ねえ，カミラ，はじめての礼拝どうでしたか」
「そうねえ，音楽はとてもよかったわ。でも，コマーシャル（説教）が長すぎたわ」

牧師さんだって人間であることには変わりはない。人には言えない悩み事はあるのだ！

▶ Tom : Minister Smith seems very upset lately.
　Bob : That's because he's got mixed emotions.
　Tom : Why does he have mixed emotions?
　Bob : His daughter got very rich and very famous as a stripper. Now he can't decide if he's proud of her or ashamed of her.

「スミス牧師は，最近とても気が滅入っているようだね」
「なぜかって，彼は複雑な気持ちなんだよ」
「なぜ，複雑な気持ちなんだい」
「彼の娘さんはストリッパーになって有名になり，大金持ちになったんだ。それで，娘さんのことを誇りに思っていいのか，恥なのか決めかねているんだよ」

母親は教会への寄付金を子供に預けた。そして子供が牧師さんにお願いしたことは？

▶ The minister accepted the money that Bob Allen handed him during the collection.

22 教会でいちばん困ること

"Next time I see your mother, Bob, I'll thank her for four dollars."

"Sir," Bob pleaded, "would you mind thanking my mum for five dollars?"

牧師は，寄付金を集めているときにボブ・アレンからお金を受け取った。

「ねえ，ボブ，今度お母さんにあったときに，4ドルありがとうとお礼をいうからね」

「牧師さん，お願いですから，5ドルありがとうと母にお礼をいってくれませんか」

♠こんなジョークもあるよ

Eve:　 Adam, do you love me?
Adam: Who else?

「アダム，私のこと愛している？」
「ほかにだれかいるかい？」

Lily: My pastor is so good he can talk on any subject for hours.
Jane: That's nothing! My pastor can talk for hours without a subject.

「私の牧師さんはとてもすばらしいのよ。どんなテーマでもなん時間でもお話ができるの」
「そんなの全然たいしたことないわ。私の牧師さんはね，テーマなしでもなん時間でもお話ができるのよ」

23 パーティーの人間模様

　アメリカ人でもイギリス人でも，とにかくパーティーが好きだ。なにかと理由をつけては，しょっちゅうパーティーをやる。だからパーティーの種類も多い。誕生日パーティー，婚約パーティー，結婚パーティーなどなど。たとえば，主賓に知らせずに準備をし，主賓をびっくりさせるパーティーをサプライズ・パーティー（surprise party）という。

　日本でのパーティーは飲食中心だが，向こうでは，むしろ会話や人との交流を楽しむ。つまり，社交の場としてのパーティーが重要視されるのだ。そして，パーティーにはジョークがつきもの。「パーティー・ジョーク」という名の本が売られているくらいだ。

　さて，トムは自分の誕生日パーティーに友人のジムを招くのだが，いちばん大事なことを忠告することも忘れない！

▶ Tom : Would you like to come to my birthday party on Saturday ?
　Jim : I'd love to ! What's the address ?
　Tom : Number 10, Oxford Street. Just ring the bell with your elbow.
　Jim : Why can't I push the bell with my finger ?
　Tom : You're not coming empty-handed, are you ?

「ねえ，ジム，土曜日にぼくの誕生パーティーに来てくれないか」
「是非行きたいよ。住所はどこだったっけ」
「オックスフォード・ストリート 10 番地。玄関のベルは肘で押してくれないか」
「どうしてベルを指で押してはいけないのかな」
「まさか，ジム，手ぶらで来るんじゃなかろうね」

23 パーティーの人間模様

誕生日パーティーにはケーキがつきもの。そして、ケーキにはロウソクがつきものだ。それにまつわるジョークをひとつ。

▶ My grandmother is very stingy. She had only 40 candles on her 70th birthday cake.

うちのおばあちゃんはね、とてもケチなんだ。70歳の誕生日パーティーのケーキに、40本のロウソクしか立てなかったんだよ。

パーティーでの楽しみは、いろんな人に会えるということ。男は女に興味を示し、女は男に興味を示す。

▶ At the office party he went up to a young girl and said, "Gentlemen prefer blonds." She said, "I'm not really a blond. That's a wig." He said, "No problem, I'm not really a gentleman."

会社のパーティーで、彼はある若い女性のもとに近づいていって「紳士はブロンドが好きなんだ」と言った。すると彼女は「私は本当はブロンドじゃないのよ、これはカツラなのよ」と言った。
「よかった、じつは、ぼくも本当は紳士じゃないんだ」と彼は言った。

パーティーにアルコールはつきもの。ときには、ハメをはずし、大声を出して隣近所に迷惑をかけることだってある。ましてや、二日酔いのときには、とくにそうだ。

☞ **Neighbor :** **Didn't you hear me banging on your wall last night?**
　Drunk : 　**Oh, that's all right. We had a party last night and were making a lot of noise ourselves.**

「昨日の夜、壁をドンドン叩いたのが聞こえなかったのかね」
「いや、いいんだよ。昨日の夜はパーティーをやってね、ぼくたちも大声を出していたんだから」

二日酔いとはこのこと。隣の人がなぜ壁を叩いたのか、次の日にな

っても，その理由がまるでわかっていないのだ。

　つぎのジョークでは，メイドさんは「盗む」などという表現はいっさい使っていないのだが，彼女のつぶやきの言葉がなかなか意味深なのだ。

▶ The old maid was cleaning the house the morning after a party. She found one of the family's silver teaspoons on the floor. "My goodness," she murmured as she picked it up. "One of the guests must have had a big hole in his pocket."
パーティーが行われた翌朝，年老いたメイドが家の掃除をしていたところ，床に銀製のティースプーンが落ちているのを見つけた。「おやまあ，招待客のだれかの衣服のポケットには，大きな穴があいていたにちがいない」メイドはスプーンを拾い上げながらつぶやいた。

♠こんなジョークもあるよ

I tried to count the candles on my grandfather's birthday cake, but the heat drove me back.
ぼくはおじいちゃんのバースディ・ケーキのロウソクを数えようとしたが，熱さのあまり後ずさりしちゃったよ。

Mother : Did you go to the party, Robert?
Robert : No. The invitation card said from five to seven, and I'm eight.
「ロバート，パーティーに行ったのかい？」
「行かなかったよ。だって招待状に，5〜7と書いてあったんだもの。ぼくは8歳なんだ」

慈善事業に役立つジョーク

　ロンドンの行きつけの，とあるパブで小冊子みたいなジョークの本を手に入れたことがある。最初はパブでジョークの本を売っていることが不思議でならなかったが，聞いてみると，小児科病院に勤める看護婦さんたちが慈善事業の一環として編集したとのこと。

　本の売上金は，すべて病院に寄付される。パブは販売に一役かっているわけだ。値段のつけかたがまたおもしろい。最低価格，50 ペンス（minimum price 50p）と書いてある。つまり，病院に寄付したい人は，10 ポンドでも 100 ポンドでも出して，このジョークの本を買うわけだ。

　どんなジョークが収録されているか，紹介しておこう。

Women have cleaner minds than men, because they change them more often!
女は男よりも心がきれいだ。しょっちゅう心変わりするから。

What do you call a nurse with a car? SISTER!
車を持っている看護婦をなんて呼ぶのかな？　看護婦長さんだよ！

　普通の看護婦が車を買うことは経済的に無理で，婦長でなければ車を買えないというわけだ。

　ニューヨークで買った子供の本に，*Kids are Funny* というのがある。これは子供向けのテレビ番組で，子供たちからジョークを募集し，それによってできあがった本だ。売上金は，慈善団体の児童基金（All Kids Foundation）に寄付される。こんなジョークが紹介されている。

What is a sheep's favorite fruit? Baaa-nana.
羊の好きな果物はなにかな？　バアーナナ。

What does a car wear when it's cold? A cardigan.
車は寒いときになにを着るのかな？　カーディガン。

　ぼくは，アメリカでもイギリスでも，ジョークというものが慈善事業にまで浸透していることに，おおいに感心したのである。

24 ゴルフやるのも楽じゃない

　ゴルフ発祥の地はスコットランドとされている。それがやがてアメリカにもたらされた。日本で最初にゴルフコースがつくられたのは，1903年のことである。日本でのゴルフは，とにかく高すぎる。それにひきかえ，アメリカでもイギリスでも，多くの人がゴルフをスポーツとして，リクレーションとして，じつに気軽にやっている。料金が安いのだ。
　ゴルフにまつわるジョークも多い。ゴルフだけのジョークの本が，何冊も発行されている。それでは，ゴルフ好きの夫婦の会話を聞いてみよう。

▶ Wife: If I died, would you marry again?
Husband: Probably would.
Wife: And would you let her be your golfing partner?
Husband: Yes, I think so.
Wife: But surely you wouldn't give her my clubs?
Husband: Oh no.
Wife: Why not?
Husband: Because she's left-handed.

「もし私が死んだら，あなたは再婚するの」
「すると思うよ」
「彼女をゴルフのパートナーにするのでしょうね」
「そうすると思うよ」
「でも，私のクラブを彼女にやることはしないでしょうね」
「そんなことありえないよ」
「なぜなの？」

24 ゴルフやるのも楽じゃない

「だって，彼女は左利きなんだから」

　ゴルフでは，強いプレーヤーのことをタイガー（tiger）という。弱いプレーヤーはウサギ（rabbit）という。ゴルフは勝負ごと。だれだって勝ちたい。ところが，勝ちたいと思うあまり，この夫がしたことは？

☞ Wife：　　 Why don't you play golf with Michael any more?
Husband：Well, would you play golf with a man who always cheats on his score and who moves the ball when you're not looking?
Wife：　　 Certainly not!
Husband：Well, that's how Michael feels.

「どうして，もうマイケルとゴルフをやらないの？」
「いつもスコアをごまかし，相手が見ていないときにボールをこっそり動かすような人とゴルフをしたいと思うかね」
「私だって，そんな人とゴルフするの絶対にイヤだわ」
「それがね，マイケルもそう思っているんだよ」

　ゴルフにキャディは欠かせない。しかし，一生懸命に働きどんなに有能なキャディでも，時と場合によっては職を失うことがある！

▶ Karen：You've lost your job as a caddie?
Leona：Yes, I could do the job all right, but I couldn't learn not to laugh out loud.

「キャディーの仕事，失ったんだってね」
「そうなのよ，仕事はよくしたんだけど，大声で笑いとばしてはいけないということを学ばなかったのよね」

　ゴルフをやる人ならだれだってホールインワンを夢見るだろうが，こんなホールインワンだってある。

▶ Why do golfers take an extra pair of trousers with them?
In case they get a hole in one.
「ゴルファーは,どうしてズボンを余分にもっていくのかね?」
「ホールインワンに備えてさ」

　この場合の hole in one は,文字どおりのホールインワンと,はいていったズボンに「穴があいてしまった」とをかけている。

　ゴルフをやりはじめてもなかなか上達しない人はたしかにいる。ものは考えよう。そんな人は,こんなふうに考えることもできる。

▶ I think my swing is improving. Now I miss the ball much closer than I used to.
私のスイングはよくなっていると思うよ。いまでも,ボールを打ちそこなうが,以前よりはボールとクラブとの距離がはるかに短くなってきているからなあ。

　なかには,ゴルフを情事やセックスと重ねあわせて考える人もいる。その理由は?

▶ Golf is like a love affair: if you don't take it seriously, it's not fun; if you do take it seriously, it breaks your heart.
ゴルフは情事のようなものだ。真剣にやらなければ楽しくないし,真剣になりすぎると心臓に悪い。

▶ Golf and sex are the only two things you can enjoy without being good at either of them.
ゴルフとセックスだけはどちらも,上手でなくても楽しめるものだ。

　そうかと思えば,ゴルフを子育てと重ねあわせて考える人もいるらしい。

▶ Golf is like bringing up children. It takes time and patience

to master them.
ゴルフは子育てのようなものだ。思いどおりにできるようになるのに，時間がかかるし忍耐力を必要とする。

♠こんなジョークもあるよ

Spring is a good season when the farmer and the golfer start their plowing together.
春は農民とゴルファーがいっしょになって畑を耕すよい季節である。
I always know when my husband played golf badly because he has lots of pond weeds in his socks.
私ね，夫のゴルフがさんざんだったことがいつもわかるの。夫のソックスに池の水草がたくさんついているから。

25 たかが魚釣り，されど魚釣り

　　日本の食生活に魚は欠かせない。欧米諸国の人たちは日本人ほど魚を食べないし，魚をとることは職業というよりはリクレーションあるいはスポーツとしてのイメージが強い。

　　プロであれ，趣味としてであれ，釣り人たちの夢，それは，なんといっても大きな魚をたくさん釣ることだ。釣った魚のサイズが大きければ大きいほど自慢になる。

▶ The teacher asked Robert:
"Do fish grow fast?"
"I'll say they do. My Grandpa caught a small fish last week and it gets bigger every time he talks about it."

先生が，ロバートにたずねた。
「魚の成長は早いと思うかい」
「早いと思います。先週，おじいちゃんが小さな魚を釣りましたが，そのことを話すたびに，その小さな魚のサイズがどんどん大きくなりますから」

　　オチを変えることなく，このジョークをもっと手短に言うこともできる。

☞ **How long a fish grows depends on how long you listen to the fisherman's story.**

魚がどれくらい成長するかは，釣り人の話をどれくらい聞いたかによる。

　　英語では，「ホラ話」は fish story,「あやしい」は fishy という。いずれも，とかく釣り人というのは自慢話をするものであり，ホラ話が

25　たかが魚釣り，されど魚釣り

多いということからきている。

　釣り人はいかに大きな魚を釣りたいと思っているか。この釣り人の心情がわかるというものだ！

▶ After removing a tiny fish from his hook and throwing it back into the river, the fisherman said: "Don't show up around here anymore without your parents"
釣り人はとても小さな魚を釣り上げたが，それをフックからはずし，「お父さん，お母さんといっしょでなければ，この辺に来てはいけないよ」と言いながら，魚を川にもどしてやった。

　釣りがうまい人もいれば下手な人もいる。世の中，釣りが下手でも悪いことばかりではないようだ。そこから，思わぬ夫婦の信頼関係が生まれてくることだってある。

▶ Mrs. Smith : You believe your husband's story that he spent the whole day fishing. Why? He didn't come home with a single fish.
Mrs. Rovin : That's why I never doubted him.
「お宅の旦那さん，1日じゅう釣りをしていたということだけど，そんな話を信じているの。なぜなのよ？　だって，魚を一匹も釣ってこないじゃない」
「だから，夫のことを一度も疑ったことがないのよ」

　父親と一緒に釣りに行った息子のトムが大声をあげて泣きながら帰ってきた。母親がその訳をたずねてみると，

▶ Tom came home crying his eyes out. His mother asked him: "What's the matter?"
"Dad and I were fishing and he hooked a really big one. Then, when he was reeling it in, the line broked and it got

away."
"Well, a big boy like you shoudn't be crying about a thing like that. You should have just laughed it off."
Tom cried out louder.
"That's what I did, Mum."
「どうして泣いているのよ」
「お父さんと釣りに行ったの。お父さんの竿にとても大きな魚が食いついてきたの。でも，糸が切れて魚が逃げちゃったの」
「トムはもう大きな子でしょう。そんなことぐらいで泣くんじゃないのよ。笑いとばせばよかったじゃない」トムは，さらに大声をあげて泣きだした。
「お，お，お母さん，ぼ，ぼくは笑いとばしたんだよ」

　魚がよく釣れるなら問題はないが，一日中，釣りをしたって一匹も釣れないことだってある。そんなわけで，魚釣りには忍耐力が必要なのだが，

▶ Fisherman: You've been watching me fish all day long. Why don't you try fishing yourself?
Passerby : I couldn't. I haven't got the patience.
「あなたは，私が釣りをしているのを一日じゅう見ていたね。どうして，自分で釣りをしないのかね」
「私には，そんな忍耐力がないんです」

> ♠こんなジョークもあるよ
>
> The main reason some fish get quite big is because they're the ones that always escape from the fishermen.
> ときどきとても大きな魚がいるのは、いつも釣り人から逃れている魚がいるからだ。
> No one writes a story like the fishermen.
> 釣り人のように物語を書ける人はいない。

26　人騒がせな音楽

　どんなに音楽が苦手な人でも，歌を歌うことが苦手な人でも，歌を聴くことが嫌いだという人はいないと思う。音楽はすぐれて心の癒しになる。音楽は時空を超えて，私たちの心を新鮮な深い感動で満たしてくれる。

　どんな楽器でも，それを演奏できる人がうらやましい。楽器にことばはいらない。楽器からかなでる音に国境はない。しかし，である。時と場合によっては，音楽が有害なときだってある。たとえば，隣近所から聞こえてくる聞くに耐えない調子のくるったピアノの音。

　突然やってきたピアノ調律師と応対した夫人との会話である。

▶ The doorbell rang and the lady of the house discovered a workman on the front porch.
"Madam," he said, "I'm the piano tuner."
The lady exclaimed, "Why, I didn't send for a piano tuner."
The man replied, "I know you didn't, but your neighbors did."

ドアベルが鳴った。その家の夫人が出てみると，玄関先に職人が立っていた。
「奥さま，私はピアノ調律師です」
「うちはピアノ調律師なんてたのまなかったわよ！」
「奥さまがたのまなかったことは承知しております。隣の家の人からたのまれたのです」

　このジョークは，このように短くしてもオチは伝わる。

☞ **Workman : Good afternoon, I'm the piano tuner.**

26 人騒がせな音楽

Madam :　But I didn't send for you.
Workman : No, but your neighbors did.

　調律師をたのんだこの隣人は親切な人と言わざるをえない。こんな危険な場合だってあるからだ！

▶ Rita : Kate, what do you mean — you gave up the violin for health reasons?
Kate : I had to. The neighbors threatened to kill me.

「ねえ，ケイト，健康上の理由でバイオリンをやめたとはどういうことなのよ」
「しかたがなかったの。隣の人が私を殺すと脅したんですから」

　つぎは，駄洒落みたいなジョークだが，短くて暗記しやすい。どこかで使えそうだ。

▶ I really don't know anything about composers. To me, W.C. Handy is a nearby water closet.

作曲家のことはまるで知らなくてね。私にとって，W.C. Handyというのは，「近くの水洗トイレ」という意味なんだ。

　どこにでも音痴（tone-deaf person）はいる。音痴とは「音の感覚が鈍く，歌を正確に歌えない人」なのだそうだ。ジョークの世界では，そのことを誇張する。妻と夫とのやりとりだが，どちらの側に言い分ありか！

▶ Wife :　　Why do you go out on the balcony whenever I sing? Don't you like to hear me?
Husband : It isn't that. I just want the neighbors to see that I'm not beating my wife.

「ねえ，あなた，私が歌を歌うと，どうしていつもバルコニーへ出るのよ。私の歌を聞きたくないの」
「そうじゃないんだよ。ぼくが女房を殴っているのではないということ

を隣の人たちにわかってほしいだけなんだ」

　ときには，こんな子供じみたジョークだっていい。

▶ Robin : Did you start out in life as a singer ?
　Steve : 　No, I started out as a baby.
「君は，歌手として世に出たのかい」
「いいえ，赤ん坊として世に出たのです」

▶ What kind of musical instrument can you use for fishing ?
　The cast-a-net.
「魚釣りに使える楽器はなにかな」
「カスタネット」

　楽器のカスタネット（castanet）と，Cast a net. で「網を投げる」を掛けている。

　演奏家にとって大観衆を集めるのは容易なことではない。思わぬことで，観客の出足が鈍いことだってあるのだ。

▶ Danny : Why was the audience so small at my concert yesterday ? Wasn't it advertised that I was going to play the trumpet ?
　James : 　No, but word must have leaked out.
「昨日のぼくのコンサート，どうして観客がとても少なかったのかね。ぼくがトランペットを吹くということを宣伝しなかったのかな」
「宣伝はしませんでしたが，どうやらあなたが演奏するというウワサが流れたらしいのです」

26 人騒がせな音楽

♠こんなジョークもあるよ

Nowadays, a folk singer is someone who sings about the simple life — using a $10,000 sound system.
今日では，フォーク・シンガーとは1万ドルもするサウンド・システムを使って質素な生活を歌う人のことである。
What do you find the most difficult thing on the grand piano?
To pay the monthly installments.
「グランドピアノに関して，いちばん難しいことはなんですか」
「毎月，ローンを支払うことです」

27 イヌは家族の一員というけれど

　ペット・ブームはまだつづいているようだ。人によってはイヌやネコではなく、ヘビ、イグアナ、ワニを飼っているという。最近注目されているのは、ペットを飼うことによる医学的な効果である。イヌやネコなどのペットを飼い、家族のように付き合っている高齢者ほど健康な傾向にあるという。高血圧のため降圧剤を服用している高齢者はペットを長く飼っている人ほど少ないというデータもある。

　欧米諸国では、はるか昔からペット・ブームだ。とくに、イギリス人のイヌ好きはあまりにも有名。多くのイギリス人が「イヌは私たちの家族の一員である」とよくいう。

　だからであろうか、この種のジョークが多いのだ。

▶ My dog's just like one of the family. I wouldn't like to say which.

うちのイヌはね、まさに家族の一員みたいなものさ。家族のだれみたいだとは言いたくないが。

▶ Jack :　Our dog is just like one of the family.
　Mary :　Oh really ? Which one ?

「うちのイヌはね、まさに家族の一員みたいなものさ」
「ほんとう？　あなたの家族のだれみたいなの？」

　たかがイヌに関するジョークだと軽く考えてはいけない。ときには、イヌをだしにしてダメ教授がジョークの餌食になる。ただし、このジョークは声に出して読むと、おかしさがよく伝わる。韻をふんでいるからだ。

▶ What's the difference between a good-natured dog and a bad

27 イヌは家族の一員というけれど

professor?
One rarely bites, the other barely writes.
性格のいいイヌとダメ教授との違いはなにか？　性格のいいイヌはめったに噛みつかないが、ダメ教授はめったに書かない。

　教授の受難はさらにつづく。男子学生と女子学生との会話である。

☞ **Brian : I took my dog to the vet today because it bit my professor.**
Carol : Did you have it put to sleep?
Brian : No, of course not ― I had its teeth sharpened.
「うちのイヌがね、ぼくの指導教授に噛みついたので獣医のところへ連れていったのさ」
「イヌを安楽死させたのかい？」
「もちろん、ちがうよ。イヌの歯をもっと鋭くしてもらったのさ」

　このジョークは応用範囲がひろい。たとえば、「教授」のところを、上司、義理の母、弁護士だけでなく、威張っている人、気に入らない人などに変えれば、状況に応じて臨機応変にいくらでも使える。

　イヌといえば、テリトリー主張の印として電柱や木などにオシッコをかけて歩く。そんなイヌの目で、パーキング・メーターにコインを入れている人間を見ると、こう映るのです！

▶ **A dog saw someone inserting coins into a parking meter and reported to the other dogs, "They're putting in a pay toilet."**
人がパーキング・メーターにコインを入れているところを見たイヌが、ほかのイヌに、「あの人たちは有料トイレにお金を入れているよ」と知らせた。

　イヌにもいろいろな種類がある。この人は友人が連れて歩いているイヌをてっきりブルドッグだと思ったのだが、

▶ Rosa : That's a lovely bulldog.
Addy : No, it's not a bulldog — it was chasing a cat and ran into a concrete block wall.
「あら，かわいらしいブルドッグね」
「このイヌはブルドッグじゃないのよ。ネコを追っかけていてブロック塀にぶちあたったのよ」

　狭い家でイヌを飼うとこんな苦労がある。人も大変だが，イヌのほうがさらに大変！

▶ Our house is so small I had to train the dog to wag its tail up and down instead of from side-to-side.
わが家はとても小さいので，イヌが左右に尾をふるのではなく，上下にふるよう訓練しなければならなかった。

　なかには，イヌと自分の女房をくらべてみてこんなことを言う人もいる。

▶ My dog is very economical compared with my wife. The license costs less and she already has a natural fur coat.
うちのイヌは女房よりもはるかに安上がりだ。登録料だって安いもんだし，それにすでに天然の毛皮のコートをもっているからな。

　訓練のたまものなのか，それとも，飼い主のことを思ってのことなのか，イヌは相当なことまでできるようになるらしい。

▶ Walt : My neighbor's furious because my dog knows how to bring the newspaper to me every morning.
Hank : Why would that make your neighbor angry?
Walt : To tell the truth, I don't subscribe to the newspaper.
「うちのイヌは，毎朝，新聞をとってくることを知っているもんだから，隣に住む人がカンカンに怒ってるんだ」
「どうして隣の人が怒っているのかね」

27 イヌは家族の一員というけれど

「じつをいうと，ぼくは新聞をとっていないんだ」

♠こんなジョークもあるよ

Remember, a barking dog never bites — while barking.
忘れてはいけないよ。吠えるイヌは決して噛み付かないということ。ただし吠えている間だけはということ。

My dog works for the fire department. He helps locate hydrants in our town.
うちのイヌは消防署のために働いているんだ。町の消火栓を捜し出すのを手助けしているのさ。

The more people I meet, the more I like my dog.
私は人に会えば会うほど，自分のイヌがますます好きになる。

28 わが輩は考えるネコである

　ネコにまつわる迷信は多い。現代でもネコを愛する人はたくさんいるが、古代エジプトではネコは神聖なものとされていた。「ネコに九生あり」（A cat has nine lives.）ということわざに言い表わされているように、ネコは幸運や魔よけの象徴とされた。
　「招き猫」は顧客・財宝を招くという縁起物だ。もちろん、ネコは魔性の生き物であるという迷信もある。とくに、黒ネコは悪魔の手先であるという迷信もあるのだが、なにを思ったのか、このお父さんの場合には、

▶ Jim : Dad, there's a big black cat in the dining room.
　Dad : Don't worry. Black cats are lucky, son.
　Jim : I'll say. This one just ate your dinner.
　「お父さん、ダイニング・ルームに大きな黒ネコがいるよ」
　「心配いらんよ、黒ネコは幸運をもたらすんだから」
　「そのとおりだね。ネコがお父さんの夕食を食べちゃったんだから」

　ネコは小説にも登場する。そこでは風刺者であったり、知恵者であったりする。同じ知恵のあるネコでも、このネコはすごい！

▶ A really smart cat eats cheese, then breathes down a mouse-hole with baited breath.
　本当に頭のいいネコというのはチーズを食べる。それから餌としてネズミの穴に向けて息を吐く。

▶ Cherie : Hello, police department? My lovely cat is missing.
　Police : Sorry to hear that, that's not a job for the police.
　Cherie : But my cat is very smart. She can practically talk

and understand whatever I say.
Police : Well, you'd better hang up. She may be trying to make a telephone call to you.

「もしもし,警察ですか。私のかわいいネコが行方不明なんです」
「お気の毒ではありますが,それは警察の仕事ではありません」
「でも,私のネコはとても知的なんです。実際,話ができますし,私が言うことをなんでも理解できるんです」
「それなら,電話を切ったほうがいいね。ネコがあなたに電話をするでしょうから」

　ネコを愛するときは純粋でなければならない。間違っても,邪心を抱いてはならない。でなければ,こんな現実が待っているのです！

☞ **I pretended to love my rich aunt's cats for a long time so she would remember me in her will. It worked very well. When she died she left me ten cats.**
私は長い間,お金持ちの伯母が飼っているネコを可愛がっているふりをしていた。彼女が遺書を書くときに,私のことを心にかけてくれると思ったからだ。まったく,そのとおりになった。彼女が死んだとき,私に10匹のネコを残してくれたのだ。

　夏目漱石の『吾輩は猫である』ではないが,世の中には自分のことをネコであると,心から信じ込んでしまっている人もいるらしい。信じ込んでしまった原因はともかくも,その思い込みは半端じゃない！

▶ Patient : Doctor, I keep thinking I'm a cat.
Doctor : How long has this been going on?
Patient : Since I was a kitten.

「先生,私は自分のことをネコだと,ずっと思い込んでいるのです」
「いつごろから,そう思い込んでいるんだい」
「子ネコのときからです」

英語のジョークには，ほかの外国語が使われることもある。この場合はフランス語。

▶ There was an English cat called One, Two, Three and a French cat called Un, Deux, Trois. They decided to race from England to France and guess who won?
The English cat of course, because Un, Deux, Trois, cat sank.
One, Two, Three という名のイギリスのネコと，Un, Deux, Trois という名のフランスのネコがいた。彼らは，イングランドからフランスまで泳いで競争することにした。どちらが勝ったか？もちろん，イギリスのネコだよ。その理由はね，Un, Deux, Trois, cat sank。

フランス語の4（quatre），5（cinq）の発音が cat sank（ネコが沈んだ）に似ていることから，こんなジョークが可能なのである。

♠こんなジョークもあるよ

Why are cats no good on computers? Because they always swallow the mouse.
ネコがコンピュータと相性がよくないのはなぜかな？　いつもマウスを飲み込んでしまうからだよ。
What do cats read in the mornings? Mewspapers.
ネコが，毎朝，読むものなあーんだ？　ミューズペーパーだよ。
Teacher: Name four animals of the cat family.
Pupil:　　The father cat, the mother cat and two kittens.
「ネコ科の動物を4つあげなさい」
「父親ネコ，母親ネコ，それに二匹の子ネコ」

タクシー・ドライバーのユーモア(1)

　シカゴやニューヨークなどの大都会では，多くの外国人がタクシーの運転手として働いている。頭にターバンを巻いた運転手を見かけるのもめずらしい光景ではない。明らかにアジア系統の顔立ちの運転手もいるし，なかにはあまり英語を話せない運転手だっている。
　ぼくはニューヨークでもシカゴでも，韓国人，インド人，バングラデッシュ人が運転するタクシーに乗ったことがある。外国人があまりにも多いため，このことがジョークにもなっている。

I was in a cab today, and — you'll find this hard to believe — it was actually driven by an American citizen.
(とても信じてもらえないかもしれないがね，今日，タクシーに乗ったら，運転手が本当にアメリカ市民だったんだよ)

　ぼくは，同時多発テロ事件（2001年9月11日）のちょうど1か月前にニューヨークを訪れた。10日間の滞在であったが，世界貿易センタービルにも行った。帰りはホテルからジョン・F・ケネディ空港に行くのにタクシーを利用した。ジャマイカ出身の底抜けに明るい男であった。これは，運転手(D)と，ぼく(M)との車内でのやりとりである。

D: Which Airlines did you take?
M: UA. Mr. Driver, do you know another meaning of UA?
D: No, I don't.
M: Use Another.
「飛行機会社はどこだい」
「UAだよ。ねえ，運転手さん，UAの他の意味を知ってるかい」
「知らないね」
「他の飛行機会社を使えだよ」

　ぼくのジョークを聞いて，運転手は爆笑した。そして，時速50マイル（約80キロ）は出ていたのに，両手をハンドルから離し，手をたたきはじめたのである。しかも，なかなかハンドルを握らない。
　ジョークを言った直後に，冷汗をかいたのはこのときが初めてだ。あのときの陽気な運転手さんは，いまごろどうしているだろうか。

29 モノマネばかりがオウムじゃない

　欧米諸国では，オウムがさかんに飼われているが，オウムの鳴き声が美しいからではない。あざやかな原色の羽の色彩を楽しむために鑑賞用として飼われている。もちろん，なかにはオウムに繰り返し繰り返し言葉を教えて楽しむ人もいるであろう。オウムが言葉を覚えれば覚えるほど嬉しいし，教えがいがあるにちがいない。

　ただし，状況によっては気をつけなければならない。オウムがすぐれたモノマネ鳥であることを忘れてはならないのだ。

▶ Henry : Why did you divorce your wife?
　Terry : The parrot kept saying "Kiss me, Tom. Kiss me, Tom"
　Henry : That doesn't seem much of a reason.
　Terry : My name happens to be Terry.
「どうして奥さんと離婚したんだい」
「オウムがねえ，"トム，キスして，トム，キスして"というんだよ」
「そんなことたいして理由にならないと思うけど」
「ぼくの名前は，テリーなんだよ」

　オウムがモノマネ鳥であるという，その特性を生かしてこんなジョークも可能だ。この種のジョークは，時間の許すかぎり永遠につづけられる。

▶ Patient : Doctor! Doctor! I keep thinking I'm a parrot.
　Doctor : Why do you think that?
　Patient : Why do you think that?
　Doctor : Stop repeating after me.

29 モノマネばかりがオウムじゃない

Patient : Stop repeating after me.
Doctor : Stop repeating after me.
Patient : Stop repeating after me.
「先生,先生,私は自分のことをオウムだと思いつづけているのです」
医者:「なぜ,そう思っているのかね」
患者:「なぜ,そう思っているのかね」
医者:「私のマネはやめなさい」
患者:「私のマネはやめなさい」
医者:「私のマネはやめなさい」
患者:「私のマネはやめなさい」

　オウムが,すべてモノマネ鳥と思うのは間違いらしい。なかには,知能指数が高くて状況を的確に判断できる「考えるオウム」がいるらしいのだ。

☞**Helen, teaching her parrot to talk: Repeat after me, "I can walk."**
Parrot: I can walk.
Helen : I can talk.
Parrot : I can talk.
Helen : I can sing.
Parrot : I can sing.
Helen : I can fly.
Parrot : No, you can't fly. You're a big liar!
ヘレンは,オウムに話のしかたを教えて,私のあとについていいなさい,「私は歩くことができます」といった。
オウム:「私は歩くことができます」
ヘレン:「私は話すことができます」
オウム:「私は話すことができます」
ヘレン:「私は歌うことができます」

オウム:「私は歌うことができます」
ヘレン:「私は飛ぶことができます」
オウム:「いいえ，あなたは飛ぶことができません。あなたはおおウソつきです！」

　なかには，人間と同じでずいぶんと乱暴な言葉を使うオウムがいるらしい。

▶ The old lady was frantic as she approached the owner in the pet shop.
"That parrot I bought yesterday uses violent and dirty words."
"That's right," said the shop owner.
"He does swear a bit, but you ought to be thankful he doesn't drink or smoke and gamble."
老婦人が血相を変えてペット・ショップに入ってきた。
「昨日，お宅で買ったオウムがね，とても乱暴で汚い言葉を使うのよ」
「そのとおりですよ。ちょっとばかり口ぎたない言葉を使いますが，オウムは決して酒は飲まないし，タバコも吸いませんし，ギャンブルもやりませんので，お客さんはそのことを感謝すべきなんですよ」

♠こんなジョークもあるよ

My new parrot must have been raised in a tough family. He won't talk without a lawyer!
新しく買い求めたオウムは，したたかな家庭で育てられたにちがいない。弁護士が同席していないと，決して話をしない！
Grey: I used to have a parrot once that laid square eggs.
Addy: Did it ever speak?
Grey: Well, only one word. It occasionally said, "Ouch!"
「ぼくは四角いタマゴを産むオウムを飼っていたことがあるんだよ」
「そのオウムは話をしたことがあるのかい」
「たったのひとことね。ときどき "痛い！" といってたなあ」

29 モノマネばかりがオウムじゃない

ジョークと
ジョークの
あいだ②
～と～の違いはなにか？

　英語の世界ではジョークの対象になるテーマは数が多く千差万別である。本書の他のテーマのところですでにいくつか紹介しているが，テーマとは別に，ジョークの形として，「～と～の違いはなにか？」という疑問文ではじまるものがある。この形式を応用すれば，それこそ無限にジョークの対象を広げることができる。

　この疑問文に対する予期せぬユーモラスな答え，バカバカしい答え，ときには風刺のきいた辛辣な答えが，この種のジョークの特徴だ。

　たとえば，愚かな人，ドジなことをやる人などをジョークの対象としたい場合，この形式を用いれば，

▷ What's the difference between a stupid person and a monkey?
The monkey peels the banana before he eats it.
愚かな人とサルとの違いはなにか？　サルはバナナを皮をむいてから食べる。

　現実にはありえないのだが，そこはジョークの世界。愚かな人はバナナの皮をむかずに食べてしまうというわけだ。
　コンピュータと比較されてはかなわないが，世間にはなにかを学ぶときに理解の遅い人というのはたしかにいる。

▷ What's the difference between a slow-witted person and a computer?
You only have to punch information into a computer once.
のろまな人とコンピュータの違いはなにか？　コンピュータは一度情報

を記憶させるだけでよい。

　男性諸氏にとってかなり辛辣なジョークがある。いい年をして大人げない男には，こんなジョークを言ってやるといい。また，このジョークでは，cheese の代わりに wine, whiskey なども使える。また，男 (men) の代わりに大人げない人物の固有名詞を入れればいつでも使える。

▷ What's the difference between men and cheese?
　Cheese gradually matures with age.
　男とチーズとの違いはなにか？　チーズは年とともに徐々に熟成していく。

▷ What's the difference between a puppy and a man?
　A puppy will grow up and stop whining.
　子イヌと男の違いはなにか？　子イヌは成長すると，クンクン哀れな声を出さなくなる。

　結婚生活に飽きがきたのか，女房にたいして無関心になっている夫には，こんなジョークを言ってやるといい。

▷ What's the difference between my husband and my dog?
　After ten years, the dog is still excited to see me.
　うちの旦那とうちのイヌとの違いはなにか？　イヌは飼ってから10年もたつのに，私に会うととても喜ぶ。

　むかし，どこかの市役所で「すぐやる課」をつくって話題をふりまいた。逆に考えると，すぐにやらないから「すぐやる課」ができるのである。お役所仕事とは，形式にこだわり，前例がないからとか，とかく遅れるもの。

▷ What's the difference between a chess player and a civil servant?

A chess player moves every now and then.
チェスをしている人と公務員との違いはなにか？　チェスをしてる人には，ときおり動きがある。

　ロンドンの地下鉄といえば，電車がしょっちゅう遅れることであまりにも有名。それで，この方式を用いれば，

▷ What's the difference between the London underground and Tokyo subway?
In Tokyo a train always comes on time.
ロンドンの地下鉄と東京の地下鉄との違いはなにか？　東京の地下鉄は，いつも電車が時間どおりに来る。

　英語のジョークの不思議なところは，まるで当たり前のことを言っているのに，そのことがジョークになってしまうことだ。

▷ What's the difference between a small white pig and a big black pig?
Size and color.
小さな白ブタと大きな黒ブタの違いはなにか？　サイズと色である。

　アフリカ象とインド象の違いは，耳と体の大きさだ。アフリカ象のほうが両方とも大きい。ところが，ジョークの世界ではこんな違いになってしまう。

▷ What's the difference between an African elephant and an Indian elephant?
It's about three thousand miles.
アフリカ象とインド象の違いはなにか？　約3000マイル。

　携帯電話が普及してから，マナーが問題になっている。電車の中だけでなく，ところかまわず携帯を使う人がいる。もし，授業中に学生

の携帯電話が鳴ったら，こんなジョークを言ってやるといい。

▷ What's the difference between the school bell and a cellphone?
One rings between lessons, the other rings during them.
学校のチャイムと携帯電話の違いはなにか？　チャイムは授業の合間に鳴り，携帯は授業中に鳴る。

　類音（同音）異義語を巧みに使用しているつぎのジョークは，参考のために日本語訳をつけておくが，訳ではおもしろみがまるで伝わらない。音読してみると，おかしさがよくわかる。

▷ What's the difference between a sailor and a bargain shopper?
One goes to sail the sea and the other goes to see the sales.
水兵と掘出し物を買う人との違いはなにか？　水兵は航海（セール）にでかけ，掘出し物を買う人はセールにでかける。

▷ What's the difference between a railway guard and a teacher?
One minds the train, the other trains the mind.
列車の車掌と先生との違いはなにか？　車掌は列車の世話をし，先生は精神を鍛練する。

▷ What's the difference between a sick elephant and seven days?
One is a weak one, the other is one week.
病気の象と7日間の違いはなにか？　病気の象は弱っている。7日間は1週間である。

III. 恋と人生

30　不幸な結婚，幸せな離婚

　アメリカ人はなんでも統計にとってみることが好きだ。例えばこんな統計がある。中学卒業の女性と結婚した男性が心臓の病気にかかる率は 8.3 %，相手が高卒だと 15.4 %，大卒だと 21.7 %。つまり，男にとって結婚相手の学歴が高くなればなるほど，心臓の病気にかかる確率が高くなるというのだ。

　女性の場合はどうか。これもある統計調査によれば，幸せな結婚は更年期に急増する脳卒中や心臓発作から女性を守る効果があるが，不幸な結婚は，女性が心臓病で死亡する確率を上げるというのだ。

　統計のことはさておき，結婚となると，まずアイルランド出身の劇作家・詩人・小説家であるオスカー・ワイルド（Oscar Wilde, 1854-1900）の洗礼を受けておこう。

▶ The proper basis for marriage is a mutual misunderstanding.
　結婚のしかるべき基盤は，相互の誤解ということだ。

▶ A man who desires to get married should know either everything or nothing.
　結婚したいと願う男は，一切を知りつくしているか，なにも知らないかのどちらかにちがいない。

　オスカー・ワイルドの言葉ゆえに，その意味するところは深く，かつ真髄をついている。もちろん，彼ならではの逆説，強烈な皮肉もまじっている。

　アメリカの政治家・著述家・発明家でもあるベンジャミン・フランクリン（Benjamin Franklin, 1706-90）も結婚についてひとこと言っている。

30 不幸な結婚, 幸せな離婚

▶ Keep your eyes wide open before marriage, and half-shut afterwards.

結婚する前には目をおおきく開き, 結婚してからは半分閉じるがいい。

　まるでどこかの結婚式で, じつは結婚生活に飽きて, 疲れ果てている（？）中年・老年夫婦の教訓的なお祝いのことばを聞いているようでもある。
　先人たちがなんと言おうとも, 男も女もやはり結婚にはあこがれる。これが自然というもの。甘美なバラ色の生活を夢みて, おおいなる期待を抱くのだ。問題は, 結婚したあとである。

☞ **In many marriages there have been three rings: an engagement ring, a wedding ring — and suffering.**

多くの結婚には3つのリングがある。エンゲージリング（婚約指輪）, ウェディングリング（結婚指輪）, そして, サファリング（苦しみ）。

　リング（ring）が掛けことばになっている。このジョークは雑談しているときに, いろんな場面でよく使われる。短くて暗記しやすいので是非ストックしておいてほしい。

　2度も結婚したが, いずれも失敗だったという男（トム）の話を聞いてみよう。

▶ Tom: I had very bad luck with both my wives.
　Bob: Is that so? What happened?
　Tom: Well, my first wife ran away with another guy and my
　　　　second wife didn't.

「ぼくは2度も結婚したが, 妻にはまったく恵まれなくてね」
「そうかね, どうしたんだね」
「最初の妻は, ほかの男と駈け落ちしたんだが, 2番目の妻はしないのさ」

　男とは身勝手なものと思うなかれ。男女同権の時代, 妻を夫に入れ

替え，立場を逆にして女性のみなさんも，このジョークをどしどし使ってほしい。このジョークは内容を少し変え，オチをそのまま生かして暗記しやすいように簡単にすることができる。

☞ **Tom complained about having had two unhappy marriages. His first wife divorced him and his second one wouldn't.**

トムは２度も結婚したが，不幸であったと不平を言った。最初の妻には離婚されたが，２度目の妻には離婚されないんだと。

　この種のジョークは，男どうしがパブで勝手なことを言って飲んでいるときに使うと効果がある。

　昔から，「夫婦げんかは犬も食わぬ」(Even a dog would turn up its nose at a squabble between man and wife.) といわれている。大なり小なり，結婚生活に争いごとはつきもの。どこの国でも，事情は同じらしい。

▶ Burt : I hear that the government is going to deal with marriage troubles.
Mark : Yes, they will.
Burt : Do you know what department they'll be in?
Mark : I think it will be the War Department.

「政府が結婚にまつわるもめごとを取り扱うんだってね」
「そうだよ」
「どこの省が取り扱うのかね」
「戦争（もめごと）省だと思うよ」

　国と国との争い，つまり戦争を取り扱うのは，War Department なので，夫婦喧嘩，夫婦のもめごとも War Department が取り扱うといっているのである。

　結婚している女性が使うジョークとしては，こんな調子のものだっ

30 不幸な結婚，幸せな離婚

ていい。

▶ My husband and I have a perfect marriage based on a give-and-take relationship: he gives and I take.
私たちの結婚生活は，ギブ・アンド・テークでやっていますので完璧なの。夫がもっぱら与えてくれるほうで，私はそれを受け取るだけなの。

　つぎは，ドラッグストアの経営者が店の入り口のドアに出した掲示。

▶ A druggist put up a big sign in the front window: "Smoking, or forgetting your wife's birthday, can be hazardous to your health."
タバコを吸ったり，妻の誕生日を忘れたりしますと，健康を損なう恐れがあります。

♠こんなジョークもあるよ

I was married for ten years and never told anybody. I like to keep my troubles to myself.
私は結婚して10年になるが，誰にも話していない。私個人の悩み事は秘密にしておきたいから。

The biggest cause of divorce is marriage.
離婚の最大の原因は，結婚である。

I'm so unlucky, I have a spitz, a spaniel, and a bulldog — and the only one who barks at me is my wife.
ぼくは本当に不幸な男だ。スピッツ，スパニエル，ブルドッグを飼っているが，ぼくに吠えるのは女房だけなんだ。

31 恋は盲目か

　男も女も年ごろになれば，だれだって異性を意識する。そして，恋心を抱く。運よく理想の相手に出会えることもあれば，その逆もある。口べたで，ひっこみじあんで自分の愛をなかなか告白できない人もいるであろう。

　「恋愛とは，まったくの幻覚状態とまでは言わないが，それと共通するところがたくさんある」(Love is not altogether a delirium, yet it has many points in common therewith.) と言ったのは，イギリスの批評家・歴史家であるトーマス・カーライル (Thomas Carlyle, 1795-1881) である。

　早速，恋愛に関するジョークの世界をのぞいてみよう。恋人のポーラはジムから離れていったのだが，なんとその理由は？

▶ Tom : I heard you and Paula broke up. What happened?
　Jim : Would you date somebody who cheats and lies and seduces other people?
　Tom : No, I wouldn't.
　Jim : Well, neither will Paula.

「ジム，ポーラとダメになったんだってね。どうしたんだい」
「君は人をだましたり，ウソをついたり，ほかの人をくどいたり，そんな人とデートするかね」
「ぼくはしないさ」
「ポーラもそんな男とはデートしないということなのさ」

　つまり，ジムが人をだましたり，ウソをついたり，ほかの人をくどいたりする男というわけだ。
　つぎのジョークも短くて覚えやすい。キャロルとジャックが突っ立

31 恋は盲目か

ったまま抱き合っているシーンを思い浮かべていただきたい。

▶ Carol : Jack, I can't leave you.
　Jack :　 Do you love me so much?
　Carol : No, you're standing on my foot.
「ジャック，あなたからもう離れられないわ」
「ぼくのこと，そんなに好きなのかい」
「いいえ，あなたが私の足を踏んでいるからよ」

　結婚にいたるまで男も女も若いときには，いろんな出会い，付き合いがあるであろう。なかには，過去の恋愛ざたをすべて結婚相手に告白する人もいるであろう。

☞ Earl : Before we get married I want to confess some affairs I've had in the past.
Gena : But you told me all about those a couple of weeks ago.
Earl : Yes, darling, but that was a couple of weeks ago.

「ぼくは結婚する前に，過去の恋愛のことを打ち明けておきたいよ」
「2，3週間前に，ぜんぶ私に話してくれたじゃない」
「ねえ，君，それは2，3週間前のことなんだよ」

　男も女も親しくなってくれば，お互いの家を訪ねたくなるであろう。それは自然ななりゆきだ。だが，気をつけないとこんな場合もある。

▶ I asked if I could see my girl friend's home, so she showed me a big picture of it.

ガールフレンドの家を見たいといったら，彼女は自分の家の大きな写真をもってきて，ぼくに見せてくれたんだ。

　相手の女性をデートに誘い出すのは，必ずしもやさしいことではない。しばしば断られることだってある。でも，絶対に断られない奥の手があるのだ。フレッドが用いた，その奥の手とは？

▶ Fred : Please have dinner with me tonight, Rita.
Rita : Sorry, I can't.
Fred : But I don't want to eat alone.
Rita : Fred, I can't.
Fred : And I'd love to talk to you.
Rita : I can't.
Fred : I'm going to have dinner at the Ritz restaurant.
Rita : Fred, of course, I can go out!

「ねえ，リタ，お願いだから今夜ぼくといっしょに夕食に行こうよ」
「ごめんね。わたし行けないわ」

31 恋は盲目か

「ひとりぼっちでは，食事をしたくないんだ」
「フレッド，行けないのよ」
「ねえ，リタ，君ととても話がしたいんだよ」
「ダメだってば」
「ぼくは，リッツ・レストランで夕食を食べるんだよ」
「フレッド，わたし，もちろん行けるわ」

　リッツ・レストランといえば，ロンドン，パリなどにある格調の高い最高級のレストランだ。

　イギリスのことわざに「恋は盲目」(Love is blind.) というのがある。恋は人の分別・理性を失わせてしまうということだ。

▶ Karen started licking my cheek passionately. I said : "Do you love me so much ?" She said : "No — but I seriously need the salt."
カレンがぼくの頬を激しくなめるから，「ぼくのことをそんなに好きなのかい」と聞いたら「ちがうわ，とても塩分を必要としているのよ」と，言ったんだ。

♠こんなジョークもあるよ

Joan : Sometimes it seems like everything I do is morally wrong.
Mark : Are you busy tonight, Joan ?
「ときどきなんだけど，私って道徳的にいけないことばかりしていると思うことがあるの」
「ねえ，ジョーン，今夜忙しいかい」
Some young people love to go to the movies. And some of them go to the movies to love.
映画を見に行くのを愛する若い人たちもいるし，愛し合うために映画を見に行く若い人たちもいる。

32 男もいろいろ，女もいろいろ

　この世には男と女しかいない。にもかかわらず，男と女の関係ほど複雑でわからない世界はない。どんな方程式の公式を用いても，男と女の関係を解くことはできない。永遠に未知の世界とも言えるのだ。

　さて，男であれ，女であれ恋に陥った者は，突然，詩人になる。つまり，ありったけの詩的表現を駆使して，相手のハートをうち止めたいと願うものだ。その努力には涙ぐましいものがある。ところが，ポールの場合には，過剰な詩的な表現ゆえに思わぬ誤解が生じた。

▶ Paul : Without you, everything is dark and dreary, the clouds gather and the wind beats the rain.
　　　　With you, the grey sky will be blue, then the sun will shine, you are like a beautiful rainbow.
　Mary : Is this a proposal or a weather forecast, Paul?

「君なしには，すべてが暗く，わびしい。空はどんよりと曇り，風が雨を吹き飛ばす。君といっしょなら，灰色の空は青空に変わり，やがて太陽が輝くであろう。君はまるで美しい虹のようだ」
「ねえ，ポール，これはプロポーズなの，それとも天気予報なの？」

　人には，それぞれ癖というものがある。やたらと頭をかいたり，鼻をほじったり，癖のない人はいない。だから「無くて七癖」（Every man has his faults.）ということわざがある。しかし癖の種類によっては心配になることもある。

▶ Ned : Jay, what's so unusual about your girlfriend?
　Jay : She can't stop chewing her nails.
　Ned : Lots of girls chew on their nails.

32 男もいろいろ，女もいろいろ

Jay : Toe nails?

「ねえ，ジェイ，君のガールフレンドがとても変わっているというが，どういうことかね」
「彼女はね，いつも爪を噛んでしょうがないんだよ」
「多くの女性が爪を噛む癖があるよ」
「えっ，足の指の爪をかね？」

　人間あまりにも感情が高ぶったときには，たしかに食物，飲み物さえ口に入らないことはある。しかし…

▶ Larry : You know, Carol, since I met you, I can't eat... I can't sleep... I can't drink.
  Carol : Why not?
  Larry : Because I'm broke.

「ねえ，キャロル，ぼくは君に会ってからというもの，食べることもできないし，眠ることもできない。飲み物さえ口に入らないよ」
「どうしてなの？」
「じつは，お金がまったくないんだよ」

　結婚生活なんて妥協の産物とか，夫婦なんて男と女のばかしあいなどということもある。もっとひどいのになると，家庭内別居とか，仮面夫婦というものまである。さて，この夫婦の場合には，

☞ Husband : If I died, would you marry again?
  Wife :   I think so.
  Husband : Would you make love to him?
  Wife :   I suppose so.
  Husband : Would you give him all my clothes?
  Wife :   Never!
  Husband : Why?
  Wife :   Because he's not your size.

「もしぼくが死んだら，君は再婚するだろうね」

「すると思うわ」
「再婚の相手と夫婦生活をするだろうな」
「まあね」
「ぼくの衣服をぜんぶ彼にあげるんだろうな」
「それは絶対にないわよ」
「なぜだい？」
「あなたと彼とは，サイズが違うんだから」

　アメリカでは，離婚となるととにかくお金がかかる。そこで，男どうしこんな会話をすることになる。

▶ Bill : There's only one thing more expensive than wife.
Tim : What's that ?
Bill : An ex wife.
「妻よりもお金がかかるものがたったひとつだけあるよ」
「それはなにかね」
「前妻だよ」

　自分のことを真面目で本当に正直な人間であると思っている男がいる。その男が友人に出した手紙だが，結びのことばがすごい！

▶ A man wrote a letter to his friend, "I am a man of honesty. I don't drink or smoke or gamble or stay out late. I am faithful to my wife. I go to bed early and rise early. I work and exercise every day. But all this will change as soon as I get out of prison."
私は正直者だ。酒，タバコ，ギャンブルはやらないし，夜遅くまで外出することもない。浮気もしていない。早く寝て早く起きる。毎日，きちんと働き，運動もしている。しかし，これらのことはすべて，刑務所を出たとたんに変わるだろう。

　中年の女性が地元の交番にやってきて，自分の夫が行方不明である

32 男もいろいろ，女もいろいろ

ことを告げたのだが，やはり女は強い！

▶ A middle-aged woman entered a local police station to report her husband missing.
"Can you describe your husband?" said the duty policeman.
"Tall, dark, good-looking, blue eyes."
Another policeman overheard and said, "Wait a minute, I know your husband very well. He's nothing like that."
"I know, but who wants that same old jerk back?" said the woman.

「旦那さんの特徴を言ってください」
「背が高く，肌は浅黒く，ハンサムで，青い目の人なの」
「ちょっと待ってくれ。私はお宅の旦那さんをよく知っているが，まったくそんなタイプの人ではないよ」そばで聞いていた別の警官が口をはさんだ。
「そうですとも。でもね，だれが老いぼれた，あんな間抜けに戻ってきてほしいと思うものですか」その女性は言った。

♠こんなジョークもあるよ

My husband is skin and bones because when he went to donate blood he carelessly forgot to say "when."
私の夫がガラガラに痩せている理由はね，献血のときにうっかりして「それくらいにしておいてね」というのを忘れたからなのよ。

Karen: I made my husband a millionaire.
Carol: And what was he before you married him?
Karen: He was a billionaire.
「私ね，うちの夫を百万長者にしたのよ」
「ご主人，あなたと結婚する前はどうだったの」
「億万長者だったわよ」

33 キスはやけどのもと

　愛情表現としてのキス。挨拶としてのキス。キスにはいろいろとある。外国に行ったときに，挨拶としてのキスに戸惑いを感じた日本人も多いはずだ。キスをするという行為は身体言語（body language）のなかでも，最も普及しているもののひとつといえよう。

　ちまたには，『キスの技術』（*The Art of Kissing*）という本まで売られている。この本によれば，キスをしている間，相手の息を吸い込むことを，vacuum kiss（吸い込みキス）というのだそうだ。キスに関してだけで1冊の本になっているから驚きだ。

　さて，「熱いキス」は，passionate kiss, hot kiss などというが，同じ熱いキスでも，マリアが経験した熱いキスとは？

▶ Betty : Maria, why are you holding your mouth like that?
　Maria : I've just had a hot, passionate, burning kiss from my boyfriend.
　Betty : So what's wrong with that?
　Maria : He carelessly forgot to take the cigarette out of his mouth.

「マリア，どうしてそんなふうに口をおさえているの？」
「とても情熱的で，まるで燃えるような熱いキスをボーイフレンドからされたばかりなのよ」
「それがどうしていけないことなの？」
「彼がね，うっかりして口からタバコをとるのを忘れたの」

　ことキスに関しては，現在形と過去形では意味がおおきく異なることがある。女友だちどうしの会話である。

33 キスはやけどのもと

▶ Kitty: Carol, did you tell me Edward doesn't know how to kiss?
Carol: Not exactly. I said he didn't know how to kiss.
「キャロル,エドワードはキスのしかたを知らないというの?」
「そうじゃなくてね。彼はキスのしかたを知らなかったといったのよ」

つぎは,同音異義語を巧みに使ったキスのジョーク。

☞ **What's the difference between an accepted lover and a rejected lover?**
One kisses his miss, the other misses his kiss.
受け入れられた恋人とふられた恋人の違いはなにか? 受け入れられた

恋人はミスにキスをし，ふられた恋人はキスをミスする。

　人間だれしも勘違いや誤解というものがあるが，こともあろうに，この若い女性の秘書の場合には，

▶ The pretty young secretary was transferred from one branch of a company to another branch.
When she reported for work, her supervisor told her, "Do exactly what you did in the last office."
All of a sudden she started to take off her lipstick!
若くてきれいな秘書が他の支店に転勤になった。新しく上司になる人が，彼女に仕事のをことを説明して「前の支店にいたときと，まったく同じようにやっていいのです」と言った。
すると秘書は，いきなり口紅をふきとりはじめた！

　愛はキスの長さに比例するか。ときには，キスをすることだって命がけなのだ。

▶ She had just accepted his proposal and he had been kissing her passionately for a full fifteen minutes without pause. At last he stopped, and she burst into tears.
"Oh, darling, you have stopped loving me already," she sobbed.
"No, I haven't," he protested pantingly, "but I have to breathe."
彼女は彼からのプロポーズを受け入れた。彼は，15分間まったく息をつかずに夢中で彼女とキスをした。ついに，彼はキスをやめた。すると，彼女はワッと泣きだした。
「ねえ，もう私のこと愛してないの」
「愛しているよ。でも，息をしなくちゃね」

　セクハラにより退職を余儀なくされた人はいるであろう。モニカも

33 キスはやけどのもと

上司からセクハラを受け，退職したと思ったら？

▶ Pamela : Why did you leave your last job, Monica?
  Monica : The boss always kept kissing me.
  Pamela : Oh, really? Then I can understand why you wanted to quit.
  Monica : Yes, I couldn't stand his beard and mustache.
「モニカ，どうして仕事をやめたの？」
「上司が，私にいつもキスをしてしょうがないのよ」
「えっ，本当？　だったら仕事をやめた理由がわかるわ」
「そお，私ね，彼のあごヒゲと口ヒゲに耐えられなかったのよ」

　モニカはキスそのものではなく，上司のあごヒゲと口ヒゲが嫌いだったが，キャロルの場合は？

▶ Carol : I have a strong desire to kiss men with a mustache.
  Joan : Would you like to meet my shrink, Carol?
  Carol : Does he have a good mustache?
「私ね，口ヒゲをはやしている男の人とキスをしたくてどうしようもないの」
「ねえ，キャロル，私のかかりつけの精神科医と会ってみますか」
「彼って，立派な口ヒゲをはやしているのかしら？」

♠ こんなジョークもあるよ

It takes a lot of experience for a girl to kiss like a beginner.
女性にとって，まったく未経験者のようにキスをするのは多くの経験を必要とする。
Joan : I'm sorry but I don't kiss on the first date.
Adin : How about on the last one?
「ごめんね，わたしはじめてのデートではキスしないの」
「これが最後のデートだと思ってどうかね？」

34　独身貴族の夢と現実

　「独身貴族」ということばがある。妻帯者とは違い独身の身であれば，経済的にも時間的にもかなり余裕があるということだ。だからであろうか，最近では男も女もなかなか結婚しないらしい。つまり，結婚年齢の高齢化がすすんでいるのだ。日本では，女性の場合，年齢が25～29歳で未婚率が50％を超えている。

　英語では，bachelor は「独身男性」を指す。「独身の」意味の unmarried, single は男性，女性の両方に使われる。bachelor girl（独身の女性）という言い方があるが，「自立している」という意味合いが強い。

　ジョークの世界の独身の男となると，まるで違った定義になる。独身の男とは？

▶ A bachelor is a man who comes to work every morning from a different direction.
独身の男とは，毎朝，違った方向から職場に向かう人のことである。

▶ A bachelor is a man who goes to a drive-in movie on a moped.
独身の男とは，原チャリでドライブインの映画を見に行く人のことである。

▶ A bachelor is a man who can get into bed from either side.
独身の男とは，ベッドのどちらの側からでもベッドに入れる人のことである。

　なるほど，どれもこれも一理ある。しかし，多くの独身者が寂しくて，孤独な生活を送っていると思ったら大間違い！

34 独身貴族の夢と現実

☞ **It's not true that most bachelors are lonesome. They spend a lot of time listening to the troubles of their married friends.**
多くの独身者が孤独というのは本当ではない。彼らはほとんどの時間を結婚している友人たちのグチを聞いて過ごすからだ。

ときには，つぎのようなジョークもいい。ただし，このジョークは声に出して言わないとおもしろさが半減してしまう。

▶ A bachelor girl is a girl who is still looking for a bachelor.
独身の女性とは，独身の男を探し求めている女性のことである。

たしかに，この世には信念をもって独身主義を貫きとおす人はいる。しかし，そうではない理由で独身の身である人もいるのだ。

▶ He's a bachelor by choice. Sometimes it's his choice, but mostly it's the choice of the women he's dated.
彼は独身をとおしている。ときには自分の意志でだが，ほとんどは，彼がデートした女性の意志によるものである。

独身の身だとたしかに気楽だろうが，そのかわり料理，洗濯，はてはアイロンがけまで自分でやらなくてはならない。携帯電話が普及している今日，アイロンがけも気をつけないと，とんだことになる。

▶ Did you hear about the bachelor who was doing the ironing? He burnt his ear when the phone suddenly rang.
アイロンがけをしていた独身の男の話を聞いたかい。彼はね，電話が突然鳴ったときに耳をやけどしてしまったんだってさ。

人生とはままならぬもの。独身の人は結婚にあこがれる。すでに結婚している人は独身時代の生活をなつかしく思う。結婚したいため給料の引き上げをお願いする社員，社員のお願いを同情をもって聞いてやる社長。ところが，社長の返答は意外なものだった。

▶ The president listened sympathetically as one of his young staff explained why he needed a raise.

"Yes, I quite understand," said the president. "I realize you can't get married on the small salary I'm paying you. But some day, believe me, you'll thank me for it."

「現在の少ない給料では，君が結婚できないということ，よくわかるよ。しかしだな，そのうち結婚できないということを，私に感謝する日が必ずくると思うな」

独身の生活にも，結婚生活にも問題ありとなると，ここで，イギリスの牧師，ロバート・バートン（Robert Burton, 1577-1640）に登場してもらおう。いまから400年も前の，彼のことばである。

▶ One was never married, and that is his hell; another is, and that is his plague.

ひとりは結婚しなかったので，そのためみじめな生活をおくっている。もうひとりは結婚していて，そのため呪わしい日々をおくっている。

♠こんなジョークもあるよ

I think — therefore I'm single.
われ思う，故にわれ独身。
He who lives without arguments over a small thing is a bachelor.
些細なことでケンカをすることなく生きている人は独身者である。
Many a poor husband was once a very rich bachelor.
貧乏な旦那の多くは，かつてはとても裕福な独身者であった。

タクシー・ドライバーのユーモア(2)

　アメリカの代表的なタクシーはイエローキャブ社の黄色い車である。ロンドン名物ともいえる箱型のタクシーは，いまでも黒塗りが主流だが，赤，黄色，青などといろいろな色のタクシーに変わっている。

　さて，数あるジョークの本のなかに，ニューヨークのタクシーの運転手が書いたジョークの本がある。そのなかからいくつか紹介しておきたい。

Q: What do you call a person who speaks two languages?
A: Bilingual.
Q: What do you call a person who speaks three languages?
A: Trilingual.
Q: What do you call a person who speaks one language?
A: American.

2つの言語を話す人をなんと呼ぶか？　バイリンガル。
3つの言語を話す人をなんと呼ぶか？　トライリンガル。
1つの言語を話す人をなんと呼ぶか？　アメリカ人。

　ほかの外国語を学ぶことに熱心でないアメリカ人を強烈に皮肉っているわけだ。ニューヨークの道路工事に関するものもひとつ。

Vietnam War is finished but sixth avenue construction is never finished.
ヴェトナム戦争は終わったのに，6番街の道路工事は決して終わらない。

　楽器をこよなく愛する人が聞いたら，卒倒しそうなこんなブラックユーモアもある。

What's the difference between a violin and a viola?
A viola takes longer to burn.
バイオリンとビオラの違いはなにか？　ビオラのほうが燃やすのに時間がかかる。

35 子供とて油断大敵

　子供が無邪気に遊んでいる姿は，じつに美しい。まさに純真そのものだ。だから，世間には，世界の国々の子供だけを撮りつづけているカメラマンだっている。子供たちのくったくのない笑顔，無邪気な姿がなんともいえないらしい。

　しかし，子供だって成長するにつれて，どうしようもなく小憎らしいことだって言う。これは，教会のなかでの母親と息子のトムとの会話である。

▶ Mother : You must keep your eyes closed during prayer, Tom.
　Tom : 　Yes, Mamma, but how do you know I don't ?

「トムったら，お祈りをしているときには目をつむっていなくちゃダメよ」
「でも，お母さん，ぼくが目をつむっていないということ，お母さんどうしてわかるの？」

　子供には子供なりの用心深さがある。美術館ではじめて抽象画を見た2人の少年がとった行動は，画家には気の毒だ。

▶ Two boys at a modern art exhibit stared at a wildly abstract painting. One of the boys muttered to the other, "Let's get out of here before they say we did it."

モダンアートの展覧会に行った2人の少年たちは，大胆に描かれた抽象画をじっと見つめていた。少年のひとりが相棒に「おれたちがいたずら書きをしたと言われる前にここを出ようぜ」と，つぶやいた。

　何歳になっても聞き分けがなく，成長の跡が見られない子供には，

こんなジョークをいってやるといい。また，このジョークは，wine を whisky, cheese などに置き換えてもよい。

▶ There's one big difference between wine and children. Wine gradually improves with age.
ワインと子供とでは大きな違いがある。ワインは年を経るにつれてしだいに熟成する。

　子供をもったことのある親ならだれしも経験していることだろうが，子供は成長するにつれて，いろんなことに好奇心を示す。子供から質問ぜめにあい，答えに窮した親も多いはずだ。

▶ Joan, taken to the ballet for the first time, watched curiously as the dancers cavorted about on their toes.
"Mom," she whispered, "why don't they just get taller girls?"
生まれてはじめてバレーを見に連れて行ってもらったジョーンは，バレリーナがつま先を立てて踊っているのを興味深げにじっと見ていた。
「お母さん，どうしてもっと背の高い女の子に踊らせないの」ジョーンはささやくように聞いた。

　どこの親でも自分の子供の学校の成績には一喜一憂する。成績が良ければ誉めるだろうし，悪ければ小言のひとつも言うであろう。成績が悪いときには，子供だって知恵を働かして釈明する。

▶ Mother: How are your exam results?
Robert: I'm afraid they are like a nuclear submarine.
Mother: What do you mean by that?
Robert: They are below C-level.
「試験の成績どうだったの」
「それが原子力潜水艦のようなんだよ」
「それはどういう意味なのよ」

「C (sea) レベル以下ということさ」

　親というのは，昔の偉人の名をだして子供を教育しようとする。親の話を素直に聞いてくれる子供ならいいのだが，ときには子供も負けてはいない。

☞ **Father :** When Abraham Lincoln was your age, he used to walk ten miles every day to get to school.
Son :　　Really ? Well, when he was your age, Lincoln was President.

「アブラハム・リンカーンが，君の年のころは，毎日，10マイルも歩いて学校に通ったんだぞ」
「本当？　でも，リンカーンがお父さんの年のころは，大統領になっていたよね」

　なかには，罪の意識はいざしらず自分の非をあっさりと認める，こんなにも素直な子供だっている！

▶ **Helen :** Mum, do you know what I'm going to give you for your birthday ?
Mum : No, dear, what ?
Helen : A nice teapot.
Mum : But I've got a nice teapot.
Helen : No you haven't. I've just dropped it.

「お母さん，お誕生日のプレゼントになにをあげるか知ってる？」
「知らないわ，なんなの」
「すてきなティーポットよ」
「すてきなティーポットならうちにあるわよ」
「もうないわよ，私がたったいま落として壊しちゃったんだから」

　親の姿を見て急に泣きだした子供だが，子供はたとえ泣くときだってきちんと計算して泣いている！

35 子供とて油断大敵

▶ Mother : Edward, why are you crying?
Edward : Because I fell over and was hurt in the knee.
Mother : When did you fall over?
Edward : Well, about thirty minutes ago.
Mother : But I've only just heard you crying — you haven't been crying for thirty minutes.
Edward : I know. Earlier, I thought you didn't stay at home.

「エドワード,どうして泣いているのよ」
「ぼく転んで膝をケガをしたの」
「いつ転んだのよ」
「そうね,30分前なんだ」
「いま,泣きはじめたじゃない。30分間も泣かないでいたのかい」
「そうだよ。はじめは,お母さんがでかけていないと思ったんだもの」

♠ こんなジョークもあるよ

My children show signs of becoming executives. Already they take two hours for lunch.
うちの子供たちには重役になれる兆候がある。すでに,昼食をとるのに2時間もかけるんだ。
Whenever I visit the Statue of Liberty, I think of my daughter. She has a book in her hand but I've never seen it open.
私は自由の女神を訪ねるたびに,うちの娘を思い出す。彼女は本を手にしているが,本を開いているところを見たことがないから。

36 年はとっても心は青春

　人間だれしもこの世に生をうけたかぎり，年をとることだけは避けられない。実際には，幸福な人生を歩む人もいれば，そうでない人もいるであろう。しかし，1年1年，年をとっていくことには変わりがない。

　年をとってくると，いろいろな兆候があらわれる。目が悪くなる。耳が遠くなる。人の名前をなかなか思い出せない，などなど。これら以外の年をとってきた兆候とは？

▶ You're getting old when you turn out a light for economic reasons instead of romantic ones.
ロマンティックな雰囲気をつくるために明かりを消すのではなく，経済的な理由で消すようになると年をとってきたということだ。

　欧米諸国では，年齢に関係なく誕生日を盛大に祝う。ところが，年をとってくるということは，思わぬことで出費が増える。

☞ **You know you're getting old when the candles cost more than the birthday cake.**
年をとってくると，バースデー・ケーキよりもロウソクのほうが費用がかかる。

　ロウソクの費用のことはさておき，年をとるということはこんな利点もある！

▶ Being eighty brings out certain advantages. For example, from now on your birthday cake is going to get bigger and bigger as they try to fit all those candles on.

36 年はとっても心は青春

80歳になると、いいこともある。たとえば、ロウソクを全部立てるために、バースデー・ケーキがますます大きくなるということだ。

年をとってくると、だれだって髪がうすくなってくる。とくに中年になると、髪をとかすときに細心の注意を払う。

▶ You're getting middle-aged when you start to arrange your hair instead of combing it.
髪をとかすのではなく、髪を「集める」ようになると、中年になってきているということだ。

男たるもの何歳になったって異性に対して興味を失ったらおしまいなのだが、どうしようもないことだってある。

▶ Old age doesn't stop men from chasing women ― it's just they can't remember why.
年をとったからといって、女の尻をおっかけるのをやめることはない。問題は、なぜおっかけているのか思い出せないことだ。

とくに電車に乗っているときに、自分も年だなあと感ずるその瞬間とは、決定的なものなのだ。

▶ Old is when some young people give you a seat on the train or on the bus.
電車やバスの中で若者が席をゆずってくれたとき、自分は年だということだ。

歴史的な事件、過去の人の話題となると、年代の差がでてくるのは当然だ。だから、年をとるということは、歴史の生き証人でもある。

▶ Old is when your children ask you, "Who was John F. Kennedy and Marilyn Monroe?"
年をとるということは、子供たちから「ジョン・F・ケネディとマリリン・モンローってだれのこと？」と、たずねられることだ。

36 年はとっても心は青春

年をとるということは，夫婦の性生活だって若いときのようなわけにはいかない。

▶ Old is when you can't remember the last time you had sex with your husband and your husband can't remember either.
年をとるということは，夫との最近の性の営みがいつだったのか思い出せないし，夫もそのことを思い出せないということだ。

人間年をとるにつれて，だれだって実際の年齢を隠したがる。だが，この夫婦の場合には，奥さんが用いた手はなかなか巧妙だ。

▶ My wife never lies about her age. She just tells everyone she's as old as I am. Then she lies about my age.
うちの女房はね，自分の年齢については決してウソをつかないんだ。だれに対しても，ぼくと同じくらいの年だというのさ。それで，ぼくの年齢についてウソをつくのさ。

♠こんなジョークもあるよ

I was always taught to respect my elders and I've now reached the age when I don't have to respect anybody.
自分より年上の人を尊敬するように教えられてきたが，自分はほかのだれをも尊敬する必要がない年齢になった。

Old is when you stop using phrases like "love at first sight."
年をとるということは，「一目惚れ」ということばを使うのをやめることである。

37 保険の保障にご用心

　保険にはその目的によっていろいろな種類がある。火災保険（fire insurance），健康保険（health insurance），失業保険（unemployment insurance），そして，生命保険（life insurance）などなど。

　本来，保険はいざというときに人々の生活をまもるものだが，そこが人間の性（さが），ときには，保険が悪用されることもある。そこまでいかなくとも，この母親の場合には，つい本音が出てしまったのか！

▶ Ben : Mum, can I go swimming?
　Mum : No, dear, the sea's too rough, there are dangerous rocks, the current is treacherous and there are man-eating sharks about.
　Ben : But Daddy's swimming out there.
　Mum : I know, but he's insured.

「ママ，泳ぎに行っていい？」
「ダメよ。海はすごく荒れているし，危ない岩はあるし，潮の流れだって危険だよ。それに，人食いザメだっているよ」
「でも，パパは泳いでいるよ」
「パパは大丈夫よ。生命保険に入っているんだから」

　たとえ，夫婦の間柄とはいえ，どちらかに多額な生命保険をかけた場合，なにかと疑い深くなるようだ。まさに疑心暗鬼を生じる。

☞ **Since I had a policy on my life for one million dollars, I'm getting a little suspicious of my wife. I mean, who waxes the floor of the main entrance?**

37 保険の保障にご用心

　私は, 百万ドルの生命保険に入って以来, 女房のやつをちょっと疑っている。それはね, いったい, だれが玄関先にワックスを塗っているのかということなんだ。

　備えあれば憂いなしと言われるごとく, 保険はなにか事故が起こるまえに入っていてこそ, その恩恵にあずかることができる。この男はあわてふためいて保険会社を訪ねたのだが, 時すでに遅しか。

▶ A man rushed into an insurance office and said, "I'd like to buy some fire insurance at once."
"Certainly sir," said the clerk, "Just fill in these forms." "I can't wait that long," said the man, "my house is on fire."
「いますぐに火災保険に入りたいのです」
「かしこまりました。これらの書類にご記入ください」
「そんなに待てないのです。私の家が火事なんですから」

　保険の掛け金というのは, どれもこれも安くはない。いざというときの保障とはいえ, 家計にずっしりと重くのしかかる。だから, こんなジョークも言いたくなるのだ。

▶ Life insurance is something that keeps you poor all your life so you can die very rich.
生命保険というのは, あなたが生きている間は貧乏にし, とても裕福に死ねるというものだ。

　そもそも男とは悲しい存在である。生命保険にからめて理想の夫を定義すると, こうなるらしい。

▶ What's the definition of an ideal husband?
A man with a million dollar life insurance policy who dies on his wedding night.
理想の夫とはどんな人か？　それは100万ドルの生命保険に入っていて, 結婚式の夜に死ぬ男のことである。

アメリカの Social Security（社会保障）は，日本の厚生年金，国民年金に相当する。しかし，日本もそうだが年金の支給開始年齢が年々引き上げられる傾向にある。そのことに，国民は敏感に反応する。

☞ **Social Security is something that guarantees you a tasty steak after your teeth are all gone.**
社会保障とは，歯がすべて抜けてしまってから，おいしいステーキを保障してくれるようなものだ。

こと生命保険に関しては，年をとってくるといいこともあるようだ。

▸ What's the best thing about being over seventy?
No more calls from life insurance salesmen.
70歳をこえるといちばんいいことはなにか？　生命保険の外交員から一切の勧誘がなくなることである。

♠こんなジョークもあるよ

What's the definition of life insurance?
You're betting that you die. If you live, you lose.
生命保険とはなにか？　死ぬことに賭けているということであり，生きていると，すってしまうということだ。
My salesman says life insurance is a steady investment for the future. I said, "That's strange. I don't collect until I don't have a future."
保険外交員がいうには，生命保険は未来への確実な投資だというんだ。だから，言ってやったんだ。「おかしいじゃないか。未来がなくなってからでないと，保険金を受け取れないなんて」とね。

37 保険の保障にご用心

38 嫌われ者の義理の母

　どういうわけか，ジョークに登場するのは義理の母ばかりで，義理の父はまず登場しない。しかも，いやな人，悪役としての義理の母ばかり。実際には，がめつくて，意地悪でどうしようもない義理の父だっているはずだ。
　どう考えても，これは不公平。ですから，どうか義理の母のみなさん，このジョークをすべて義理の父（father-in-law）に置き換えて読んでください。

▶ I said to my mother-in-law, "Our house is your house." Last week she sold it.
　私は，義理の母に「私たちの家は，お母さんの家ですよ」と言った。すると，先週，母は私たちの家を売ってしまった。

　しかし，家をもっている義理の母はなんといっても強い。たとえばの話，家を買うということが最も困難な，東京という大都会で義理の母の家に住んでいる男性諸氏には，このジョークが骨身にしみてわかるのではなかろうか。

▶ My mother-in-law may live with us forever. I don't mind. It's her place!
　ぼくたちは，将来ずっと義理の母といっしょに住んでもかまわない。この家は，もともと母の家なんだから。

　なかには，割り切ってちゃっかりと義理の母を利用しようとする人もいる。

▶ Be kind to your mother-in-law. These days babysitters are

38 嫌われ者の義理の母

very expensive!
義理の母には親切にしなさい。このごろは，ベビーシッター（子守）をたのむとすごくお金がかかるから。

日本とは違い，アメリカは訴訟の社会。うかうかしていると，いつのまにか被告席に立たされてしまうことだってある。ましてや，相手に損害を与えた場合には弁償金を覚悟すべきだが，事態が思わぬ方向に発展していく場合だってある！

▶ Grace : Do you know that your dog bit my mother-in-law yesterday?
Linda : No, I don't. Do you sue me for damages?
Grace : Not at all. I really want to buy your dog.
「昨日，お宅の犬が私の義理の母に噛みついたことご存知でしょうか」
「いいえ，知りませんでした。損害賠償を求めて私を告訴するおつもりですか」
「とんでもありませんわ。私は，お宅の犬を買いたいのです」

アメリカでもイギリスでも，クリスマス・カードはもちろんのこと，いろいろなカードを売っている。カード専門店もある。このお客さんは，義理の母のためのお見舞いのカードを買いに行ったのだが，店員から需要と供給の問題を聞かされることになる。

▶ Customer : Do you have a "Get Well" card for a mother-in-law?
Salesclerk : I'm afraid we don't stock them.
Customer : Why?
Salesclerk : There just isn't any demand for that.
「義理の母へ送るお見舞いのカードありますか」
「申し訳ございませんが，在庫をおいてないのです」
「なぜなの？」
「買いにくるお客さんがまったくいないものですから」

妻と夫が，妻の母親の誕生日に贈るものを買いにでかけた。義理の母の要望を満たすべく，夫が購入したかったものは？

☞ **A wife and her husband were out shopping. "Darling," said the wife, "it's my mother's birthday today. What can we buy her? She'd like an electric appliance." "How about a chair?" suggested the husband.**
「ねえ，今日は母の誕生日なのよ。プレゼントに何を買ったらいいかしら。母は電気器具が好きなのよね」
「それなら（電気）椅子はどうかな」

旅を楽しまない人はいないであろう。ところが，この場合の楽しい旅とは？

▶ I just got back from a pleasure trip. I took my mother-in-law to the airport.
楽しい旅から帰ったばかりだよ。義理の母を空港まで送ってきたのさ。

♠こんなジョークもあるよ

After the divorce I remarried her sister so I wouldn't have to break in a new mother-in-law.
ぼくは離婚したあと，妻の妹と再婚したので，新しい義理の母を手なづける必要はないであろう。
What's the difference between a mother-in-law and a terrorist? Terrorists have sympathizers.
義理の母とテロリストの違いはなにか？　テロリストには同情する人たちがいる。
The worst thing about bigamy is, you get two mothers-in-law.
重婚の何が最悪かと言えば，2人の義理の母をもつことだ。

ロンドンのレストランで

　海外旅行にはいろいろな楽しみ方があるが，行く先々でのレストラン探訪もそのひとつだ。とはいえ，日本食あるいは中華料理以外は苦手という人もいるであろう。じつは，ぼくもそのひとりである。若いときにはなんでも食べたが，中年になったら日本食か中華料理でないとダメなのだ。イヤなものはイヤなのである。

　ロンドンの中華レストランに入ったときであった。ぼくは，チンタオビールをたのんだ。このビールは数ある中国製のビールのなかでもトップ・ブランドだ。良質のホップを使っているのであろう。舌ざわりがいい。

　ところが，ウェイトレスがもってきたグラスのなかのビールに，得体のしれない小さな虫が浮かんでいたのである。ぼくはすぐにウェイトレスを呼んで，だまってその虫を指差した。彼女は，びっくりしていかにも申し訳なさそうな顔をするので，ぼくは咄嗟に言った。

I don't know the name of this tiny insect. But this insect might love Tsingtao beer as much as I do. (ぼくには，この小さな虫の名前はわかりませんが，この虫もぼくと同じでチンタオビールが好きでたまらないのかもしれませんね)

　すると，こわばっていたウェイトレスの表情に急に笑みがこぼれた。まわりのお客もつられてクスクス笑っている。このあと，なにが起こったか。

　なんと，新しいビールに取り替えたほかに，このレストランの店長が店のおごりだといって，チンタオをもう2本もってきたのである。もちろん，ぼくはこのことを期待して即席のジョークを言ったのではない。このときほど，コミュニケーションの潤滑油としてのジョークの威力というものを身にしみて感じたことはなかった。

　そういえば，Every joke is a tiny revolution. (それぞれのジョークは小さな革命である) と言ったのは，イギリスの作家，ジョージ・オーウェル(George Orwell, 1903-50)だ。革命を情勢の一大変化と解釈するならば，たったひとことのジョークで，そのときのレストランの雰囲気ががらりと変わったことだけは確かである。やはり，革命が起きたのである。

ジョークと
ジョークの
あいだ③
子供のためのジョーク

　アメリカでもイギリスでも本屋に入って驚くのは，分厚いものから小さなものまで，子供向けのジョークの本やなぞなぞの本がたくさん売られていることだ。ということは，需要がそれだけあるわけで，英語圏の国々の子供たちは，小さいころから日常生活のなかで多種多様なジョークに触れていることになる。

　クリスマスでも誕生日でも，親はよく子供にジョークの本をプレゼントする。*The Big Book of Jokes & Riddles, 5001 Jokes for Kids* などは，まるで百科事典みたいなジョークの本である。5001というタイトルに注目していただきたい。文字どおり，5001種類のジョークが掲載されているから驚きだ。

▷ What happens if you dial 666?
A policeman comes upside down.
「666とダイアルを回せばどうなるのかな？」
「お巡りさんが逆立ちしてやってくるよ」

　これは，イギリスの子供たちが好んで使うジョークだ。日本での緊急時の警察への通報は119番だが，このジョークからわかるとおり，イギリスでは999。

　子供向けのジョークには，なぞなぞやことば遊びみたいなものが多い。

▷ How do you spell 'mousetrap' using only three letters?
CAT.
「どうやって，mousetrap（ネズミ取り器）をたったの3文字であらわ

すのかな？」
「答えは CAT」

▷ What do you call a bee born in May?
A maybee.
「5月に生まれた蜂（bee）をなんと呼ぶのかな？」
「答えは maybee」

▷ What bird never sings?
A ladybird.
「決して歌を歌わないバードはなにかな？」
「答えはレディバード（テントウムシ）」

▷ What did the big telephone say to the little telephone?
You're too young to be engaged.
「大きな電話が小さな電話になんと言ったのかな？」
「婚約するには，若すぎます」

「婚約している」の engaged と「電話で話し中の」engaged とを掛けているのである。なぞなぞに慣れていれば話は別だが，慣れていなければ，大人だって答えを出すのはむずかしい。さらに，こんなものまである。

▷ Who gets the sack as soon as he starts work?
A postman.

このジョークでは，get the sack が，文字どおりに「袋をもつ」とイギリス英語の俗語表現の「クビになる」を掛けている。

つぎのジョークの背景を理解するには，映画の知識が必要になる。

▷ What do you call a sheep with a machine gun?

Lambo.
「マシン・ガンをもっている羊をなんと呼ぶのかな？」
「ランボーです」

　このジョークは，シルベスター・スタローン主演で大ヒットしたアメリカの映画『ランボー』にヒントを得ている。ヴェトナム帰還兵のランボーは職も居場所も見つけることができない。ある街でしつこい嫌がらせにあったことから，彼はついにマシン・ガンを乱射し怒りを爆発させる。主人公のランボーと子羊の lamb とを掛けているわけだ。

　子供向けの英語のジョークのジャンルには，医者に向かって「先生，先生…」ではじまるものがある。

▷ Patient : Doctor, doctor, I keep thinking I'm invisible.
　Doctor : Next patient, please.
「先生，先生，ぼくは自分のことを透明人間だと思い込んでいるのです」
「はい，つぎの患者さんどうぞ」

　透明人間は，人には見えない。だから，医者は「つぎの患者さん，どうぞ」と言ったわけだ。

▷ Mother : Doctor, doctor, I think my son's turning into a mouse.
　Doctor : Why do you think that?
　Mother : Because he runs away whenever he sees a cat.
「先生，先生，うちの息子がネズミになってしまったみたいなの」
「どうして，そう思うんだい？」
「ネコを見るたびに逃げるんです」

▷ Why can't a bicycle stand up?
　Because it's two-tyred.
「自転車はどうして立っていられないのかな？」

「タイヤが2つだから」

　このジョークでは，two-tyred（タイヤが2つ）と too tired（疲れすぎている）が掛けことばになっている。

▷ Where does Friday come before Tuesday?
　In the dictionary.
「火曜日のまえに金曜日が先にくるものは？」
「それは辞典です」

　なるほど，辞典はそれぞれの項目がアルファベット順に配列されているから，Friday のほうが先にくることになる。

▷ Why is an elephant big, grey and wrinkly?
　Because if he was small, white and round he'd be an aspirin.
「なぜ，ゾウは大きくて，肌は灰色で，しわが寄っているのかな？」
「ゾウが小さくて，肌が白くて，まるかったなら，アスピリンになってしまうから」

▷ What happened to the dinosaur that swallowed a bird?
　Absolutely nothing!
「小鳥を呑み込んだ恐竜はどうなったと思う？」
「まったくなんともなかったね！」

　ジョークのナンセンスさも，ここまでくれば立派なもの。英語圏の子供たちは，小さいときからこの種のジョークを読んで，まったく無意味なことをも笑うというユーモア感覚に磨きをかけていくのかもしれない。

IV. 学校

39 愉快な生徒，悩める先生

　先生について，生徒について，そして先生と生徒のやりとりも英語の世界では，格好のジョークの材料になる。現実には勤勉で教え方のうまい，いい先生もいれば，説明が下手で教え方もままならぬ先生だっている。
　生徒のほうだってそうだ。よく勉強する子もいれば，勉強が苦手な子だっている。先生のいうことをよく聞く生徒もいれば，そうでない生徒だっている。
　まず，生徒の興味を引き出すことができず，教え方の下手な先生にとって，厳しいジョークからはじめよう。

☞ **What's the difference between a boring teacher and a boring book?**
You can shut the book up.
退屈でうんざりする先生と，退屈でうんざりする本の違いはなにか？
退屈でうんざりする本なら，閉じることができる。

　たしかに，興味をそそらない退屈な本であれば，途中で読むのをやめればよいわけだが，先生の場合にはそうはいかない。

　化学の時間，先生は生徒に化学記号について質問した。想像力豊かな（？）マイケルが出した答えとは？

▶ Teacher : Class, who can tell me the formula for water?
Michael : H, I, J, K, L, M, N, O.
Teacher : What are you talking about?
Michael : Well, yesterday you told us it was H to O.
「ねえ，水の化学記号を言えるひとだれかいるかい」

39 愉快な生徒，悩める先生

「H, I, J, K, L, M, N, O.です」
「マイケル，いったいなにを言ってるのかね」
「ええ，先生は，昨日，水の化学記号は，H to O だと教えてくれました」

つぎは，算数の問題だが果たして生徒がだした答えとは？

▶ Teacher : Minette, if you cut the grass for 20 people, and each of them paid you eight dollars, what would you have?
Minette : A new video game.
「ねえ，ミネット，20軒の家の草を刈ってやり，それぞれの家から8ドルもらったとして，あなたが手にするものは？」
「新しいテレビ・ゲームです」

▶ Teacher : If you have eleven potatoes and you must divide them equally among three people, how could you do it?
Jeffrey : I'd mash them first, then measure out the portions!
「11個のじゃがいもがあったとして，それを3人に平等にわけるとしたら，どうすればいいかな」
「まず，じゃがいもを全部すりつぶして，秤にかけて分配します」

▶ Teacher : If you had ten dollars, and you asked your mum for another ten dollars, how much would you have?
Susan : Er... ten dollars, miss.
Teacher : You don't know your arithmetic, Susan!
Susan : Maybe so. But for sure you don't know my mum, miss.
「あなたが10ドルもっていたとして，もう10ドルお母さんにおねだりしたらいくらになるかな？」
「えーと，10ドルです」

「スーザン，あなたは簡単な計算もできないのね」
「そうかもね，でも先生こそ，うちの母のことをなにも知らないのね」

　この生徒にいわせれば，母親はケチなので10ドルなんかくれるはずがないというわけだ。

　先生だってやりにくい。すねているのか，それともバカ正直なのか，なかにはこんな生徒だっているのだ。

▶ Teacher : Tell me, Robert, if you had ten dollars in one pocket in your jacket and five dollars in the other pocket, how much money would you have?
　Robert : 　None.
　Teacher : Why?
　Robert : 　Well, it wouldn't be my jacket, sir.

「ロバート，君の上着のポケットに10ドル，もうひとつのポケットに5ドルあったとしたら，いくら持っていることになるかな」
「なにもないですよ」
「なぜだい？」
「つまり，それは，ぼくの上着ではないからですよ」

　神は存在するのか，しないのか。存在するとしたらどこに？　先生と生徒とのやりとりだ。

▶ Teacher : Now, Carol, can you tell me where God lives?
　Carol : 　Miss, I think he lives in the toilet.
　Teacher : In the toilet! Why do you think that?
　Carol : 　Because every morning I can hear my brother knock on the toilet door and say: "God, are you still in there?"

「ねえ，キャロル，神様はどこにいるのか話してごらん」
「先生，神様はトイレにいると思います」

39 愉快な生徒，悩める先生

「トイレにですって！どうしてそう思うのかな」
「だって，毎朝，お兄ちゃんがトイレのドアをノックして，"God，まだトイレにいるのか"っていうんだもの」

God が「おやおや」という間投詞的に用いられているのだが，それをキャロルが「神様」と解釈したところがオチだ。

理科の時間に先生は地球の形について質問したのだが，

☞ **Teacher : Tell me, Jill, is the earth flat or is it round ?**
Jill :   Neither, miss. My Mum and Dad keep telling me it's awfully crooked.

「ねえ，ジル，地球は平べったいかい，それとも円いかい？」
「先生，地球は平べったくも，円くもありません。母と父は，地球（この世）はひん曲がっている（不正だらけだ）と言っています」

この種のジョークは，どれも他愛のないものと思われるかもしれないが，日本にいても外国にでかけても，なにかの雑談のおりに使えばおおいに受けるであろう。

♠ **こんなジョークもあるよ**

Teacher : Dave, your homework is getting much better.
Dave :   I know ― my father gave up helping me.
「デーブ，君の宿題のできがとてもよくなってきているよ」
「ええ，お父さんが手伝うのをあきらめたからなんです」
A teacher is a person who used to think he liked children.
先生とは，かつては子供を好きだと思ったことのある人である。
Jon : Our history teacher often talks to himself.
Bob : Does he realize it ?
Jon : No, he thinks we're listening.
「おれたちの歴史の先生，しょっちゅう独りごとを言うよなあ」
「先生，そのことを知っているのかなあ」
「知らないよ，おれたちが聞いていると思ってるんだから」

40 学校の語源は「ひま」

　意外と思うかもしれないが，学校 (school) のもともとの意味は，「ひま，余暇」である。一見して矛盾しそうな語源だが，これは理屈にあっている。学校とはいろいろな問題について考え，答えをだすところ。そのためにいちばん大事なことは，考える時間，つまり「ひま」がなくてはいけない。ひまな時間がなくては新しい着想はうまれない。

　そして，学校はさまざまな性格の生徒が集まるところ。なかには，学校が嫌いな生徒もいるだろう。

　イギリスの劇作家・詩人のシェイクスピア (William Shakespeare, 1564-1616) も『ロミオとジュリエット』のなかで，「恋人のもとへ向かうときは，教科書から解放された学童の気持ち，だが恋人のもとを去るときは，憂鬱顔の登校時の気分だ」(Love goes toward love as schoolboys from their books, But love from love, toward school with heavy looks.) などと言っているのである。

　さて，学校にはいかなる質問にも，恐れることなく名（迷）解答する生徒がいる。

▶ Teacher : Do you know how to spell "straight", Daniel?
　Daniel :　S, T, R, A, I, G, H, T.
　Teacher : Correct! What does it mean?
　Daniel :　Without water.
「ダニエル，straight のスペリング知ってるかい」
「S, T, R, A, I, G, H, T です」
「そのとおりだよ。意味はどうかな」
「'水割りではなく' ということです」

40 学校の語源は「ひま」

▶ When I was a boy at an elementary school and studying health and physical education the young female teacher suddenly picked on me and said: "Tom! Why is mother's milk better than cow's milk." I was so embarassed that all I could think of to say was: "Mother's milk comes in more attractive containers."

ぼくがまだ小学校に通っていたころ，保健体育を勉強していたときに，若い女の先生が突然ぼくに当てて「母乳は牛のミルクよりもどうしてよいのか」と聞いてきた。ぼくはかなり狼狽したが，やっとのことで「母乳はより魅力的な容器からでてきます」と答えたんだ。

世間では「学級崩壊」などという。生徒が問題を起こして，帰宅を命ぜられる理由はいろいろあるであろう。母親がそのことを息子のオリバーに問い詰めると，

▶ Mother : Why are you home so early from school today?
  Oliver : The teacher sent me home because the boy sitting next to me was smoking.
  Mother : But why were you sent home if he was smoking?
  Oliver : Because I set light to him.

「オリバー，今日はどうして学校からそんなに早く帰ってきたの」
「ぼくの隣の席に座っていた男の子がタバコを吸っていたの。それで先生がぼくに家に帰れといったの」
「隣の席の男の子がタバコを吸っていたのに，どうしておまえが帰されたのよ」
「ぼくが，その子のタバコに火をつけてやったからさ」

科学の時間に，先生は地球の引力の法則を発見した人物について説明していたのだが，生徒の反応は如何に？

▶ Teacher was trying to explain Isaac Newton.

Teacher : Isaac Newton was sitting under a tree looking up into it when an apple fell on his head, and from that he discovered the law of gravity. Wasn't that wonderful ?

Samuel : Yes, it sure was, if he'd have been in school looking at his books he wouldn't have discovered nothing.

「アイザック・ニュートンがね,上を見上げながら木の下に座っていたの。そのとき,リンゴが落ちてきてアイザックの頭にあたったの。そのことから,地球の引力の法則を発見したのよ。すばらしいひらめきだと思わない?」

「先生,たしかにそのとおりだと思います。アイザックが学校で本ばかり読んでいたら,なにも発見できなかったでしょうね」

なかには,先生にこんな意地悪な質問をして先生を困らせる生徒もいる。

☞ Pupil : If there are five flies on the table and you swat one of them, how many will be left ?
Teacher : Four.
Pupil : Wrong — only one. The dead one.

「先生,テーブルの上に5匹のハエがとまっていたとして,1匹を叩いたとしたら,あと何匹いると思う?」
「4匹でしょうに」
「間違いです。叩き殺された1匹だけです」

生徒に言わせれば,あとの4匹は逃げてテーブルの上にはいないというわけだ。

ジョセフは学校をずる休みしたくて風邪をひいたふりをした。それで父親をよそおって学校に電話をしたのだが,

▶ Joseph : Joseph has a bad cold and can't come to school

40 学校の語源は「ひま」

today.
Teacher : Who is this speaking, please?
Joseph :　This is my dad speaking.
「ジョセフがひどい風邪で、今日は、学校には行けません」
「どちらさまがお電話をおかけでしょうか」
「ぼくのお父さんです」

♠こんなジョークもあるよ

Teacher : Linsay, what do you consider the greatest achievement of the ancient Romans?
Linsay:　They were speaking Latin.
「リンゼイ、古代ローマ人がなしとげた最も偉大な業績はなにかな」
「彼らはラテン語を話していたことです」
Brian :　I'm very tired. I was up till midnight doing my homework.
Teacher : What time did you begin?
Brian :　At eleven fifty-five at night.
「ぼくはとても疲れているんです。真夜中まで宿題をやっていたんです」
「君は宿題を何時にはじめたんだい」
「夜の11時55分です」

41 究極のカンニング法

　カタカナ語のカンニングは，典型的な和製英語である。英語では，cheating という。「カンニング・ペーパー」は，crib (sheet) という。アメリカの俗語表現では pony ともいう。

　数年前のことだが，『タイムズ』を読んでいたらオックスフォード大学の学生が，携帯電話 (mobile phone) を使ってカンニングしていたとの記事が掲載されていた。どうやらカンニングは，なにも日本の学校，大学だけではないらしい。

　だから，こんな逆説的なジョークが存在する。母親と，その息子が通っている学校の先生との会話である。

▶ Mother :　Why do you think my son must repeat the same year?
　Teacher :　Because your son has been failing every subject.
　Mother :　I still think he's a very honest boy. He may be failing, but at least it shows he never cheats on exams.

「先生，うちの子は，どうして落第しなくてはいけないのですか」
「お宅のお子さんは，全科目不合格だったからですよ」
「うちの子は正直者なんですよ。不合格だったかもしれませんが，少なくとも，うちの子は絶対にカンニングをしていないということじゃないですか」

　カンニングにカンニング・ペーパーがつきものだと思ったら，大間違い。こんなカンニングの方法（？）だってある。

▶ Bill :　　Jim was suspended from school for cheating.

41 究極のカンニング法

Anne: I can't believe it.
Bill:　He was caught counting his ribs in a hygiene exam.

「ジムのやつ，カンニングがみつかって停学処分になったんだってさ」
「そんなバカな」
「衛生学の試験のときに，自分の肋骨を数えていたところをみつかったのさ」

　ああ言えばこういう。こんな言い訳もある。父親と息子のボブとのやりとりだが，自分の学校の成績が悪い訳は，

▶ Father: Bob, your report card isn't as good as last term. Why's that?
　Bob:　Oh, that's the teacher's fault, Dad.
　Father: What do you mean? You've still got the same teacher, don't you?
　Bob:　Yes. But she moved Georgia, the cleverest girl who used to sit next to me, to the front row.

「ボブ，おまえの成績表は先学期ほどにはよくないじゃないか。どういうことなんだい」
「お父さん，ぼくの成績が悪いのは先生の責任なんだよ」
「それはどういうことだい。だって，同じ先生が担任じゃないのかね」
「そうなんだけど，先生がジョージアの席を変えたのさ。とても頭のいいジョージアは，ぼくの隣の席にいたんだけど，いちばん前の席に移ってしまったのさ」

　学生に宿題やレポートを課すと，ひとのものを丸写しということもたまにある。学生どうしの丸写しもあれば，なんと有名な著作家の作品を丸写しすることもあるらしい（？）。とくに，アメリカの大学は宿題が多いことで知られている。だから，こんなジョークもできあがる。教授と宿題を提出した学生との会話である。

☞ **Professor: William, did you write this poem all by**

     yourself?
William : Every word of it.
Professor : To think I would be lucky enough to have Whitman in my class!

「ウィリアム，この詩を全部自分で書いたのかね」
「はい，一字一句，ぜんぶ自分の力で書きました」
「私のクラスにホイットマンがいたとは，なんて幸せなことだ！」

 ウォルト・ホイットマン（Walt Whitman, 1819-92）は，アメリカの代表的な詩人。このジョークもホイットマンのところを，ほかの有名詩人，作家などに置き換えればいくらでも応用できる。

 生徒のハーバートがやってきた数学の宿題に余りにも間違いが多いので，先生が問いただしてみた。

▶ Teacher : I don't see how it's possible for one person to make so many errors in a math assignment.
 Herbert : Oh, it isn't one person, miss ― my Mum and Dad helped me.

「数学の宿題で，ひとりの人間がこれほどの間違いをするとは信じられないな」
「先生，ひとりの人間ではありません。お母さんとお父さんが手助けしてくれたんです」

 なかには，素直で決してウソをつけないこんな正直な（？）生徒だっている。

▶ Teacher : Your homework is very good. Did your mother help you with your homework?
 Jack : No, sir, she did it all.

「ジャック，宿題がとてもよくできているよ。お母さんが宿題を手伝ってくれたのかい」

「いいえ,お母さんがぜんぶやりました」

♠ こんなジョークもあるよ

Teacher: I was able to read one of the essays you wrote for your homework assignment, but the other one is very poorly written.

Wallace: Yes, sir. My mother is a much better writer than my father.

「君が宿題として書いてきたエッセイだが,ひとつはよく書けていたが,もうひとつのほうは,まったくダメだな」
「そのとおりです。母は,父よりもはるかにエッセイが上手なんです」

42　ああ, 大学

　日本の大学でも徐々に採用されてきているが, アメリカの大学はすべてセミスター制だ。ということは, 年に何回か入学のチャンスがあるということである。一般に日本の大学より入学はやさしい。だから, 英語には, 「受験地獄」という言葉はない。
　世間では, 学生のことを「親のすねかじり」などというが, 物価が上がり, 授業料が上がり, 親も大変だが学生だっていつもいつも親に仕送りのお願いばかりしていたのでは心が痛む。しかし, 仕送りがとまれば学生生活はできない。そこで, 学生は仕送りのお願いの手紙の形式を変えたのだが, 果たして親からの返事は？

▶ Dear Dad,
Thing$ are pretty good here at $chool. Plea$e gue$$ what I need mo$t de$perately.
I hope that you can gue$$ what I mean, and $end $ome $oon.

　　　　　　　　　　　　　　　　　Be$t wi$he$, $on.

▶ Dear Son,
NOthing ever happens here. I am pleased to kNOw that you are getting along better NOw. Write aNOther letter soon. As I have NO news, I must close NOw.

　　　　　　　　　　　　　　　　　　　　　　Dad.

　これは視覚に訴えるジョークだ。日本語に訳しても, オチは伝わらない。こういう返事ができるということは, やはり父親だ。息子も知恵をしぼったのだが, 父親はだてやたらに年をとっていない！

42 ああ，大学

つぎのジョークでも，父親のユーモア感覚がいかんなく発揮されている。父親と友人との会話である。

▶ Father : My daughter just received her B.A. in June.
Friend : I think now she'll be looking for an M.A.
Father : No, now she's looking for a J.O.B.
「うちの娘がね，6月に B.A.（学士号）をとったんだ」
「お宅のお嬢さん，こんどは M.A.（修士号）をめざすんでしょうね」
「ちがうよ。娘は J.O.B.（仕事）をめざしているんだよ」

めでたく大学を卒業すれば，実社会にでることになる。そこでは，学生時代の甘えは一切許されない。厳しい社会の荒波が待ち受けている。授業のように，適当にサボるというわけにはいかない。

▶ June is when college graduates take their diplomas in hand and go out to conquer the world. July is when the world fights back!
6月は学生が卒業証書を手にして，社会にチャレンジするときだ。7月は社会が反撃に転ずるときだ。

祖父は自分の孫が通っている大学を訪ねたのだが，応用化学の授業を参観しておおいに不思議に思ったことがある！

▶ A grandfather visited his grandson's university. Watching the students in an applied chemistry class, he was informed they were conducting experiments to invent a universal solvent.
"What's that?" he asked.
"A liquid which will dissolve anything on earth," replied one of the students.
"It sounds very interesting," said the grandfather. "But when you find it, what kind of container will you keep it in?"

祖父は孫が通っている大学を訪ねた。応用化学の授業を参観していると，万能溶解液を開発する実験であることを知らされた。
「万能溶解液ってなんだい」祖父がたずねた。
「地球上のいかなる物質でも溶かしてしまう液体です」学生が答えた。
「それはとても興味深い。しかし，その液体が発明されたらどんな容器に保管しておくのかね」と，祖父がたずねた。

　めでたく法学部を卒業した学生が，久しぶりに両親に宛てた手紙の内容というのは，さすがに弁護士の卵だ！

▶ Dear Mom and Dad,
Since I graduated from law school today, I will no longer have to write and ask you for money. Now I know how to demand it legally.
親愛なるお母さん，お父さんへ
今日，ぼくは法学部を卒業しましたので，これからは手紙を書いてお金をお願いすることはもうありません。お金をどのように，合法的に要求したらよいのかを学んだからです。

　とくに教職にたずさわる者にとっては，かなり耳が痛くなるジョークも紹介しておこう。

☞ **Most people tire of a lecture in ten minutes; clever people can do it in five. Sensible people never go to lectures at all.**
ほとんどの人は10分で講義に飽き，賢い人は5分で飽きる。賢明な人は決して講義を受けには行かない。

　きわめつけはなんといっても，耳が痛くなるどころか，鼓膜が破れそうになるバーナード・ショーのことばだ。

▶ He who can, does. He who cannot, teaches.
能力のある者は行動し，能力のない者は講釈する。

♠こんなジョークもあるよ

A friend of mine left the university due to girl trouble. There weren't any girls there — that was the trouble.
ぼくの友達は女性問題で大学をやめた。女子学生がまったくいなかったということが問題だったのさ。
A college professor is one who talks in other people's sleep.
大学の教授とは、他の人たちが眠っているときに話をする人のことである。
Betsy : The new young assistant professor is good-looking, isn't he ?
　　　 He dresses so well.
Linda : Yes, and so quickly, too !
「新任の若い助教授とてもいい男じゃない。身なりだって最高に素敵だわ」
「そうね、それに彼って服を着るのがとても素早いのよね」

43 学あれど仕事なし

　小学校・中学校・高等学校・大学と，卒業はたしかにひとつの区切りであり，節目でもある。とくに，大学を卒業するということは，つぎの段階，実社会に出るという，新しい人生へのスタートでもある。問題は大学を卒業したあとの就職なのだが，これがままならない。

　若者によっては急いで就職する必要はないと思っている者もいる。しかし，親としては気が気ではない。だからこんなジョークがある。

▶ My daughter graduated from university three months ago, but she's still not ready to look for work. She doesn't realize that commencement means "to begin".

うちの娘は3か月前に大学を卒業したが，仕事を探そうとはしていない。卒業（commencement）というのは，"人生へのスタート"を意味していることを理解していないんだ。

　このジョークのいうとおり，commencement は「始まり，開始」が本来の意味で，卒業式が人生へのスタートであるところから「卒業式」の意で用いるようになった。

　日本語で，「親のすねをかじる」という慣用表現がある。親から学費や生活費だけでなく，小遣いまでもらっているということだ。アメリカの大学生は日本の大学生とは違い，親をあてにしないと言われているが，実際は，いや，ジョークの世界ではそうでもないらしい。

▶ It was graduation day and Mom was trying to take picture of their son in a cap and gown, posed with his father.
"Let's try to make this look natural," she said. "Tom, put your hand on dad's shoulder."

43 学あれど仕事なし

The father said, "Wouldn't it be more natural if he put his hand in my pocket?"

卒業式の日に，母は息子にガウンを着せ帽子をかぶらせ，父といっしょに記念写真を撮ろうとしていた。
「いつものとおりで，さあ，トム，お父さんの肩に手をかけて」母は言った。
「息子の手をぼくのポケットに入れさせれば，よりいつものとおりということになるんじゃないのかな」と，父が言った。

▶ I admit that young people nowadays are very independent, but I notice most of them are graduating with a Ph.D. Pa's Help and Donations!

近ごろの若者たちは非常に独立心が強いことは認める。だが，ほとんどの若者は Ph.D.（博士号）を取得して卒業するが，Ph.D. とは「父の援助」と「献金」であることに，私は注目している。

　日本の大学で博士号を取得するのはむずかしいが，アメリカの大学ではそれほどむずかしくはない。日本人からすれば，博士号を乱発しているという印象すらうける。だから，皮肉たっぷりのこんなジョークがある。

▶ According to today's newspaper, fifty thousand Ph.D.s were awarded last year. I wonder how they can find a job as a cab driver.

今日の新聞によれば，昨年5万人に博士号が授与されたそうだ。彼らは，そんなに多くのタクシー運転手の職をどうやって見つけられるのだろうか。

　現にアメリカでは，博士号をもったタクシーの運転手がいるだけでなく，博士号をもっていても教職や研究職にありつけず，生活のために単純な他の仕事を強いられている人たちがたくさんいる。

日本もそうだが，アメリカも高学歴社会だ。高卒の約半分が大学に進学する。しかし，就職はままならない。

☞ **He's got not only a B.A. and an M.A. but also a Ph.D. The only thing he doesn't have is a job.**

彼は，学士号，修士号だけでなく，博士号ももっている。唯一もっていないものは仕事だけだ。

アメリカの大学の卒業式は，通例，6月に行われる。日本の大学の卒業式は3月だが，依然として雇用情況は厳しく，失業率が高い。だから，こんなジョークはどうであろうか。

▶ Everything is relative. To a March graduate, B.A. stands for Bachelor of Arts. To an April employer, it stands for Barely Able.

すべてのことが相対的なのである。3月に大学を卒業した学生にとって，B.A.とは学士号のことである。4月に学生を雇う側にとっては，B.A.とは，Barely Able（雇用の見込みほとんどなし）ということなのである。

♠ こんなジョークもあるよ

Blake : Do you think your son will forget all he learned at college?
Nevil : I hope so. He certainly can't make a living by chasing girls.
「あなたのところの息子さん，大学で学んだことを全部忘れてしまうと思うかね」
「そうであってほしいよ。女の子の尻ばかり追っかけていては生活できないからね」

シカゴの街角で

　シカゴは摩天楼の発祥の地であり，近代建築の宝庫といわれる。建築物を見るためにのみ，毎年，大勢の観光客が世界中からやってくるというのもうなずける。つまり，シカゴは街全体が「建築の博物館」なのだ。そして，シカゴは風の街。

　ぼくは帽子をかぶり，ホテルの前でタバコを吸っていた。すると，中年の女性が近づいてきて，Where did you get your hat ?（その帽子どこで手に入れたの）と，聞いてきた。ぼくの帽子には大きな字で，CHELSEAと書いてある。ロンドンで買った帽子だ。聞いてみると，その女性の娘の名前がChelseaだという。そこで，ぼくはすかさず言ってやった。President Clinton's daughter is Chelsea too.（クリントン大統領の娘の名前もチェルシーですよね）。彼女はニコッと笑い，うなずいた。

　たったこれだけのことだが，ぼくには不思議でならない。仮に，外国人の男が東京のどこかのホテルの前で「健太」と書いてある帽子をかぶってタバコを吸っていたとする。果たして，日本の中年の女性が「その帽子どこで手に入れたの」と，聞くかということだ。

　うまく言えないし，短絡的と思われるかもしれないが，まったく見知らぬ男に近づいてきて帽子のことを聞くところに，ユーモアの精神が宿っているのではないかということなのだ。他愛のないことにたいするあくなき好奇心とでもいおうか。

　シカゴでは，パート・タイムでタクシーの運転手をしているという人に会った。めずらしく白人であった。英語がわかりやすい。彼は本職は声楽家なのだが，シカゴ郊外に家を買ったため，ローンの支払いがあり，本職だけでは食べていくことができず，パートで運転手をやっているという。ぼくがシカゴにはジョークの本を買いにきたことを告げると，早速，なにかジョークを言ってくれという。

　ぼくはホテルで，Call me a taxi.（タクシーを呼んでくれ）と言ったら，Certainly sir. You're a taxi.（かしこまりました。あなたはタクシーです）といわれたんだ，というありきたりなジョークを言ったら，社交辞令かもしれないが，彼はおおいに笑ってくれた。

　このジョークのオチは，タクシーを呼ぶcallと，人の名を呼ぶcallと二重の意味で使われていることだ。念のため。

44 楽しい文法

　「英文法」ということばを耳にしたとき，みなさんは，まずなにを思い浮かべるであろうか。英語教育との関連で言えば，日本人の文法に対する考え方はふたとおりにわかれると思う。文法にこだわりすぎるから，何年英語を勉強しても英語を聞いたり話せるようにならないと考える人。これとは反対に，文法を勉強したおかげで，かなり複雑な構文の英文でも読めるようになり，文法に感謝している人。

　とくに文法が嫌いな人は，文法（grammar）と魅力（glamour）とはもともと同一の語であったことを想起してほしい。そうすれば，これまでの文法に対する考え方が根底から変わるかもしれない。

　さて，文法に対する評価の二面性はともかくも，ジョークの世界での文法をのぞいてみよう。

▶ Teacher : Now, class, name two pronouns.
　Eardley : Who, me?
　Teacher : Very good.
　Eardley : Huh???
「ねえ，だれか代名詞を2つあげてごらん」
「だれ，ぼく？」
「とてもよくできました」
「えっ？？？」

　いやはや，すべて偶然とはいえよくできたジョークだ。とにもかくにも，生徒の答えが「正解」なのだから。

　とくに学校文法では，まず単数形と複数形の区別が大事だ。先生はそのことを一生懸命に教えているが，これがままならない。

☞ **Teacher : Don't use 'a' before a plural. Don't say 'a books.'**
Patrick : But, miss, the minister always says, 'A-men!'

「複数形の単語の前に 'a' をつけてはいけません。'a books' といってはいけないのです」

「でも，先生，牧師さんはいつもアーメン (A-men) といってますよ」

先生は，生徒が基本的な短縮形を知っているかどうかを確かめているのだが，名（迷）解答をする生徒だっているのだ！

▶ "Tell me," the teacher asked her students, "do you know what the word 'can't' is short for ?"

"Yes," said Betty. "It's short for 'cannot'"

"Very good. And what about 'don't' ?"

Tom's hand shot up. "That," he said with authority, "is short for 'doughnut.'"

「can't は，なんの短縮形か知っている人いるかい」
「cannot の短縮形です」ベティは答えた。
「そのとおりですよ。それでは，don't がなんの短縮形かを知っている人いるかい」
「それは，doughnut（ドーナツ）の短縮形です」トムは確信をもって答えた。

「命令法は命令・要求・依頼などを表すために使われ，動詞はつねに原型になる」ということを，先生は生徒に教えたかったのだが，

▶ Teacher : Jim, what is the imperative of the verb "to go"?
  Jim :　　I don't know, sir.
  Teacher : Go, Jim, Go!
  Jim :　　Thank you very much, sir.
「ジム，to go という動詞の命令形はなんですか」
「ぼくにはわかりません」
「さあ！(Go)，ジム」
「先生，どうもありがとうございます」

英語を学んでいくにあたっていろいろとむずかしい問題に直面する。発音と綴り字との不一致もそのひとつだ。

▶ Teacher : Robert, how do you spell 'wrong'?
  Robert :　r, o, n, g, miss.
  Teacher : That's wrong!
  Robert :　Good, I got it right, then.
「ロバート，'wrong'（間違い）の単語はどう書くのかな」
「先生，r, o, n, g です」
「それは間違い（wrong）だよ」
「先生，いま正解がわかりました」

これもよくできたジョークだ。先生が「間違い（wrong）だよ」と

言ったことが，正解になっているわけだ。

　むかし習った文法用語を思い出して，大人どうしこんなジョークもおもしろい。お互いが短いジョークを言い合うときに適している。

☞ **Divorce is the future tense of marriage.**
離婚は結婚の未来時制である。

　離婚が結婚の未来時制ならば，結婚だって，いつもいつも幸福とはかぎらない。かぎらないどころか，いろいろと問題ありなのだ。独身のときのほうが，幸福であったと思っている人におくるジョーク。

▶ Marriage is the past tense of happiness.
結婚は幸福の過去時制である。

♠こんなジョークもあるよ

Teacher : Give me three collective nouns.
Hilary :　Flypaper, garbage can, and vacuum cleaner.
「集合名詞を3つあげてごらん」
「ハエ取り紙，ゴミ箱，それと掃除機です」
Teacher : Give me the plural of 'mouse.'
Pupil :　　Mice.
Teacher : Very good! And now give me the plural of 'baby.'
Pupil :　　Twins.
「Mouse の複数形をいってごらん」
「Mice です」
「とてもよくできたよ。それでは，baby の複数形はなにかな」
「Twins（双子）です」

45 歴史を短くできないか

「歴史の教訓に学ぶ」ということばがある。歴史 (history) の語源は,「知ること」である。イギリスの小説家であり思想家でもある,サミュエル・バトラー (Samuel Butler, 1835-1902) は,歴史家を風刺して,「神は過去を変えることはできないが,歴史家は過去を変えることができる」(Though God cannot alter the past, historians can.) と言った。

同じく,イギリスの歴史家,ジョージ・トレヴェリアン (George M. Trevelyan, 1876-1962) は「歴史は繰り返すも,歴史は決して繰り返さないも,およそどちらも真実である」('History repeats itself' and 'History never repeats itself' are about equally true.) という名言を吐いた。

ジョークの世界での歴史は,そんな高尚なものではなく,もっと身近で切実な問題だ。卑近な話,科目としての歴史が得意な生徒もいれば不得意な生徒もいる。不得意な生徒は,こんな願望を抱いている！

☞ **Bob came home from school after a hard day and said to his grandmother: "I wish we lived in olden days."**
"Why?" asked his grandmother.
"Then there wouldn't be so much history to learn."

たいへんな思いをして学校から帰ってきたボブが,「ぼくは大昔に生まれたかったなあ」と,祖母に言った。
「なぜなの？」祖母はたずねた。
「だって,おばあちゃん,大昔に生まれていたら,いろんな歴史を勉強することがなかったからだよ」

歴史がどんなに不得意な科目でも,苦しまぎれにも,だれにもわか

りやすい答え（？）を出す生徒もいる。

▶ The teacher was conducting an examination in history.
"What happened in 1483?" she asked.
"Luther was born," replied the cleverest girl in the class.
"Very good. Now, Ross," she asked the slowest boy of the class.
"What happened in 1488?"
Ross thought for a moment before he answered. "Luther was five years old."

先生は，歴史のテストをやっていた。
「1483年になにが起こりましたか」先生がたずねた。
「ルターが生まれました」クラスでいちばんできる女の子が答えた。
「そのとおりですよ。それでは，ロス君，1488年にはなにが起こりましたか」先生は，いちばん勉強が遅れている男の子に聞いた。
ロスは少し考えてから，「ルターが5歳になりました」と，答えた。

　これも先生と生徒とのやりとりだが，まったく予期せぬ答えとはこのことである！

▶ Teacher : Harvey, what was the first thing Henry VIII did when he came to the throne?
Harvey : He sat down on the chair, miss.

「ハーベイ，ヘンリー8世が王位についたときに，最初にしたことはなんですか」
「先生，王はまず椅子に座りました」

　息子の歴史の成績がいつも極端に悪いので，母親がその訳をたずねてみると，息子なりの苦労があったのだ。

▶ Mother : Robert, I see from your report card that you are not doing well in history. Why?

Robert: I can't help it. The teacher always asks me about things that happened a long time before I was born.

「ロバート,歴史の成績がすごく悪いわね,なぜなのよ」
「しかたがないよ。いつだって先生は,ぼくが生まれるずっと前のことばかり聞くんだもの」

ある小学校での話。先生は,イギリスの国王と女王について授業をしていたのだが,

▶ A history teacher had been taking a lesson about Kings and Queens of England.
"Do you know who followed Edward VI?" she asked.
"Mary," replied a girl at the front.
"That's right," said the teacher. "And who followed Mary?"
"Her little dog," said the slowest boy.

「エドワード6世のあとにつづいた人は?」先生がたずねた。
「メアリーです」前の席にすわっていた女生徒が答えた。
「そのとおりですよ。メアリーにつづいたのは?」先生がたずねた。
「メアリーの子犬です」いちばん理解が遅い男の子が答えた。

♠こんなジョークもあるよ

If it were not for Thomas Edison we would be watching television by candlelight.
もしトマス・エディソンがいなかったら,私たちはロウソクの光でテレビを見ていたであろう。
Who invented the first plane that couldn't fly? The Wrong brothers.
「飛べない飛行機を最初に発明したのはだれか」
「ロング兄弟」

45　歴史を短くできないか

ジョークと
ジョークの
あいだ④

ジョークのためのジョーク

　英語圏の国々では，ジョークが日常生活にしっかりと根ざしているとはいうものの，ジョークをいって人を笑わせるのはそれほど簡単なことではない。

　じつは，おかしくないジョーク，バカバカしいジョーク，陳腐なジョーク（corny joke）もたくさんあるからだ。しかも，英語を母語とする人たちは，ジョークに対する目も耳も肥えている。ただし，まったくおもしろくないジョークをもジョークの対象にしてしまうところはさすがだ。

▷ You can always tell when my husband has just told his favorite jokes at a party — the whole room goes completely quiet.
パーティーで，うちの夫が得意のジョークを言ったときはすぐにわかるのよ。会場全体がしらっとした雰囲気になるから。

　これはよくあることだが，自分にとっておかしいと思ったジョークでも，そのジョークが話し相手にとってもおかしいとはかぎらない。

▷ Tom : I heard a new joke the other day. I wonder if I told it to you.
　Ann : Is it funny?
　Tom : Yes, it's very funny.
　Ann : Then you haven't.
「先日，初めてのジョークを聞いたよ。君に話したかな」
「そのジョークっておかしいのかな」

「とてもおかしいよ」
「それなら，まだ話してないわよ」

　陳腐なジョークということは，内容が，オチがつまらないということもあるけれど，すでに言い古されていてみんなが知っているジョークであるということでもある。

▷ Mark : Paul, did you write this joke book by yourself?
　Paul :　Yes, I did everything.
　Mark : Well, you must be much older than you look.
　「ポール，このジョークの本，君が自分で書いたのかね」
　「ええ，すべてぼくが書きました」
　「へえ，君は見た目よりもずいぶん年をとっているんだね」

▷ A comedian is a person who has a good memory for old jokes.
　コメディアンというのは，昔の古いジョークをよく記憶している人のことである。

　もっと古くて，昔から使われているジョークを言ったときには，こんなことになる。

▷ Dan:　How do you like my new jokes?
　Tom:　I can't see anything funny in them.
　Dan:　Oh well, you'll probably catch on in a little while and laugh.
　Tom:　No, I laughed at them 20 years ago.
　「新しく仕入れた，ぼくのジョークどうかね」
　「まるでおかしくないな」
　「でもね，そのうちおかしくなって笑うよ」
　「いや，そのジョークなら 20 年も前に笑ったんだよ」

陳腐でおもしろくもないジョークを言うと，皮肉まじりのこんなつれない返事がかえってくることもある。

▷ Jack : Joel, did you hear my new joke?
　Joel : I certainly hope so.
「ねえ，ジョエル，ぼくの新しいジョークを聞いたかな？」
「もちろん聞いたと思いたいですわ」

ジョエルにすれば，いつもジャックのいうジョークがあまりにもおもしろくないので，もう聞きたくもないというわけだ。

アメリカでもイギリスでも新聞，雑誌によっては，恋人募集の広告が掲載されている。お金持ち，背の高い人，同じ趣味の人などと相手に対して男も女もいろいろな条件をつける。そのなかでも，ユーモアの感覚にすぐれている人というのが多い。
しかし，この女性からすれば，男がユーモアの感覚を求めるその真意とは？

▷ Men always say the most important thing in a woman is a sense of humor. You know what that means? He's looking for women to laugh at his jokes.
男の人というのは，女性にとっていちばん大事なことはユーモア感覚だと，いつも言いますよね。これどういうことかわかる？
なんのことはない，彼は自分が言ったジョークを笑ってくれる女性を探し求めているということなのよ。

ジョークは人々の笑いを誘うだけでなく，意外なことにも役に立つようだ。ジョークの好きな医者と看護婦とのやりとりである。

▷ Doctor : Nurse, did you put the patient to sleep?
　Nurse : Yes, I did. He's sleeping very well after I just told him some of your favorite jokes.

「看護婦さん，患者さんを眠らせたかな」
「はい，先生のお気に入りのジョークをいくつか聞かせたらよく眠っております」

　ことわざに「最後に笑う者が最もよく笑う」(He laughs best who laughs last.) というのがある。これをもじって，こんなジョークがある。

▷ He who laughs last, thinks slowest.
　最後に笑う者は，最も理解が遅い。

V. 人さまざま

46 楽観主義者と悲観主義者

　英語の世界では，ジョークの対象にならないものはないといっていい。歴史的な事件，人間というものの多様性，日常生活にまつわる取るに足らない些細なことまで，ありとあらゆることがジョークの対象になってしまう。だから，楽観主義者であれ，悲観主義者であれ，その例外ではあり得ない。いや，例外ではあり得ないどころか，この両者こそが格好のジョークの餌食になっているのである。

　早速，その世界をのぞいてみよう。

▶ What's the difference between an optimist and a pessimist ? An optimist invented the airplane and a pessimist invented the seat belt.
楽観主義者と悲観主義者との違いはなにか？　楽観主義者が飛行機を発明し，悲観主義者はシート・ベルトを発明した。

　なるほど，シート・ベルトというのは，なにかの事故を想定して作られたものだから，悲観主義者の発明（？）ということになるか。
　このジョークは，最初の1行を省略して，後半の部分だけでも十分通用するし，シート・ベルトをパラシュート（parachute）に置き換えてもおもしろい。
　また，このジョークを応用して，国を問わず交通事故が多発している現代社会では，こうも言えよう。

▶ An optimist invented the car and a pessimist invented the air bag.
楽観主義者が車を発明し，悲観主義者はエアバッグを発明した。

▶ An optimist looks at a glass half-filled with beer and says it's

46 楽観主義者と悲観主義者

half full. The pessimist looking at the same glass says it's half empty.

楽観主義者は，ビールが半分残っているグラスを見て，まだ半分あるという。悲観主義者は同じグラスを見て，もう半分しかないという。

　この種のジョークは，夕食やパーティに招かれたとき，あるいは仲間とパブで飲んでいるときに，自分や相手のグラスの飲み物がちょうど半分になったところを見計らって使うとよく受ける。

　暗記しやすいように，このジョークを短くしても十分相手の笑いを誘うことができる。

☞ **An optimist says a glass of beer is half full. A pessimist says it's half empty.**

　「悲観主義というのも，それに慣れれば楽観主義と同じくらいに快適なものだ」(Pessimism, when you get used to it, is just as agreeable as optimism.) と言ったのは，イギリスの小説家，アーノルド・ベネット (Arnold Bennet, 1867-1931) だが，同じ悲観主義者でも，世の中にはこんな人もいる。

▶ A pessimist is someone who, when he smells flowers, looks around for a funeral service.

悲観主義者とは，花の匂いがしたときに葬式はどこかと周囲を見回す人のことである。

　そして，悲観主義者であれ，楽観主義者であれ，

▶ An optimist really wants to get married. A pessimist is a married optimist.

楽観主義者はとにかく結婚したがる。悲観主義者は結婚した楽観主義者である。

　となれば，少々頭が混乱してくるが，なるほどと苦笑しながらも，納得せざるを得ない人がたくさんいるのではあるまいか。

同じジョークでも，つぎのジョークはだれを傷つけることもなく，罪がなくていい。これぞ，楽観主義者の典型である。

▶ An optimist is a driver who thinks the E in his gas gauge stands for ENOUGH.
楽観主義者とは，ガソリン計器のEの文字をENOUGH（十分あり）と解釈する運転手のことである。

▶ An optimist is a man who gets married at eighty and buys a house near an elementary school.
楽観主義者とは80歳で結婚し，小学校の近くに家を買い求める人のことである。

♠こんなジョークもあるよ

A pessimist forgets to laugh, but an optimist laughs to forget.
悲観主義者は笑うことを忘れているが，楽観主義者は忘れるために笑う。
When you need some money, borrow from a pessimist. He doesn't expect to get it back.
お金がいくらか必要なときは，悲観主義者から借りなさい。悲観主義者は，お金を返してもらえるとは思っていないから。
A pessimist is someone who tends to think today is much better than tomorrow.
悲観主義者とは，明日よりも今日のほうがはるかによい日だと考えてしまう人のことである。

定義とブック・タイトル

　英語のジョークの分野に,定義 (Definitions) というのがある。あることばをおもしろおかしく,ときには皮肉をこめてユーモラスに定義する。おもしろい定義を集めたものを, Comic Dictionary ともいう。日本でも『笑辞苑』『国語笑辞典』などが発行されている。いずれも,この種の辞典だ。たとえば,「刃物店」を「凶器の館」などと思わず笑ってしまう傑作な定義をしている。
　まず,英語の定義の実例を紹介しておこう。

(1) Alimony : the cost of loving. (愛の代償)
(2) Autobiography : the life story of a car. (車の生涯物語)
(3) Bacteria : back door to the cafeteria. (キャフェテリアへの裏口)
(4) Chicken : a creature you eat before it's born and after it's dead. (生まれる前も死んだあとも食べる生きもの)
(5) Dogma : the mother of puppies. (子犬の母親)
(6) Pigtail : a story about a pig. (豚についての物語)
(7) Wedding ring : the world's smallest handcuffs. (世界でいちばん小さな手錠)

　ブック・タイトル (Book Titles) は,タイトルの内容にあわせて,その意味が伝わるようにもっともらしく,かつコミカルに著者名をつけるのである。

(1) *Ghost Stories* 『幽霊物語』by I. M. Scared
(2) *A Woman Who Wants To Marry* 『結婚したい女』by Marie Mee
(3) *The Omen* 『前兆』by B. Warned
(4) *How To Win* 『いかに勝つか』by Vic Tree.
(5) *A Man Who is Full of Conceit* 『うぬぼれの強い男』by I. M. Goodman
(6) *Very Old Furniture* 『とても古い家具』by Anne Teak
(7) *Why You Need Insurance* 『保険はなぜ必要か』by Justin Case
(8) *Neck Exercises* 『首の運動』by G. Raff

47 医者も医者なら患者も患者

　英語の世界では，ジョークの題材にならないものはないと書いたが，なかでも多いのは医者と患者にまつわるジョークだ。
　The World's Best Doctor Joke, The Doctor Joke Book というタイトルのついた本が単行本として売られているだけでなく，ジョークの本を買えば，かならず医者，歯医者，精神科医の項目がある。しかも，どれもこれもかなりの分量だ。
　アメリカでは歯医者といえば，治療費がバカ高いというイメージがある。歯医者と患者とのやりとりである。

▶ Patient : How much do you charge to pull a tooth?
　Dentist : One hundred dollars.
　Patient : What! One hundred dollars for less than a minute's work?
　Dentist : Well, I could do it very slowly if you like.

「歯を1本抜いてもらうのに，どれくらいかかるのですか」
「100ドルです」
「へえ！　ほんの1分もかからないのに100ドルですって」
「患者さんがお望みなら，ゆっくりゆっくり時間をかけて抜いてさしあげましょうか」

　ユーモアの感覚という点で，このジョークでは歯医者の勝ちだ。すき好んで歯医者に行く人はいない。歯医者に行くのは，みなおっくうだ。歯をすばやく抜かれてもいやなのに，ゆっくり時間をかけて抜かれたのではたまったものではない。
　このジョークは，つぎのように短くすることができる。

☞ Patient : How much do you charge to pull a tooth?
Dentist : One hundred dollars.
Patient : What, for less than a minute's work?
Dentist : I could do it very slowly.

　ジョーク習得のコツは，少し長めのものはオチを損なうことなく，そのエッセンスだけを暗記してしまうことである。そうすれば，長々と話す必要はなく，十分におかしさが伝わるのである。

　人間だれだって年をとってくれば，物忘れが激しくなる。そこで患者は医者を訪ねた。医者が患者に与えた緊急の助言とは？

▶ Patient : Doctor, I'm always forgetting things.
Doctor : Sorry to hear that.
Patinet : What do you suggest I do, Doctor?
Doctor : Pay me in advance.
「先生，私は物忘れが激しいのです」
「それはお気の毒ですなあ」
「私は，どうしたらよろしいのでしょうか」
「まず，先に診察料を払って下さい」

　物忘れが激しい患者だから，医者は患者が診察料の支払いを忘れてしまうことを恐れたわけだ。物忘れが激しくなり，それがさらにひどくなると記憶喪失症になるであろう。

▶ Patient : Doctor! I think I have a serious memory problem.
Doctor : When did you first notice it?
Patient : Notice what?
「先生，私はひどい記憶喪失症にかかったみたいなんです」
「最初に，そのことに気づいたのはいつですか」
「なにを気づいたかって？」

患者がすでに記憶喪失症にかかっていることが，このジョークのオチだ。ジョークをいうときには，一定のタイミングとスピードが要求されるが，とくに，この種のジョークをいうときにはスピードが要求される。

　医者をまるで信用していない患者のジョークもある。80 歳になる重病の患者を見て，医者は本当のことを話すことにしたのだが，意外な答えがかえってきた。

▶ Looking down at his 80-year-old patient, the doctor decided to tell her the truth."I feel I should tell you the truth. You're very ill. Is there someone you'd like to see?"
"Yes," said the patient feebly.
"Who?" asked the doctor.
"Another doctor," said the patient.
「本当のことを話すべきだと思います。患者さん，あなたは重病です。どうしても最後に会っておきたい人がいるでしょうか」
「はい，おります」
「どなたでしょうか」
「別のお医者さんです」

　眼科医に関して，こんな傑作なジョークがある。みんなが笑えるいいジョークだ。

▶ Optician : Breathe out three times, please.
　Patient : 　Are you going to check my lungs?
　Optician : No, I'm going to clean my glasses.
「3 回おおきく息をはいてください」
「先生は，私の肺をお調べになるのですか」
「いいえ，メガネをきれいにするのです」

▶ Optician : You need glasses.

Patient :　I'm already wearing glasses.
Optician :　Then I need glasses.
「あなたは，メガネをかける必要がありますね」
「先生，私はメガネをかけてますよ」
「では，私のほうこそメガネをかけなくてはね」

　コレステロールは，体の細胞を作ったり，さまざまなホルモンを作ったりするため，体には必要な成分だが，たまりすぎると動脈硬化のもととなる。しかし，思わぬことでコレステロールの値が正常になることだってあるのだ！　医者が患者に言うには，

▶ Doctor to patient : Thanks to the high price of meat, butter, and eggs, your cholesterol has cleared up.
患者さん，肉，バター，卵の物価が上がったおかげで，コレステロールが正常値にもどりましたよ。

♠こんなジョークもあるよ

Patient : I'm so frightened ─ this is my first operation.
Doctor : I know just how you feel ─ this is my first operation, too.
「先生，とても恐いんです。手術を受けるのは初めてなものですから」
「お気持ちはよくわかります。私も手術をするのは初めてなんです」
A doctor is the only man who can ask a woman to take her clothes off.
医者は女性にたいして，衣服を脱ぎなさいといえる唯一の人でる。

48 政治家と政治屋の間

　政治家，政治の世界も英語のジョークの対象としては材料にことかかない。アメリカでもイギリスでも，ものすごい数の政治ジョーク，政治家ジョークがある。その膨大な数は日本の比ではない。

　英語の politician は，「政治家」の意味の一般語だが，ときには「党利・私利を図る政治屋」という悪い意味で用いられることもある。見識のある「立派な政治家」という意味では，statesman が使われる。

　だから，両者を比較して，こんな辛辣なジョークがある。

☞ **A politician thinks of the next election; a statesman, of the next generation.**

政治屋は次の選挙のことを考え，政治家は次の世代のことを考える。

　このことを意識していたかどうか知る由もないが，故ケネディ大統領 (John F. Kennedy, 1917-63) は，こう演説したことがある。

▶ Mothers all want their sons to grow up to be President, but they don't want them to become politicians in the process.

自分の息子たちが大きくなったら，大統領になってほしいと願っているお母さんにしても，その過程で息子たちが政治屋にだけはなってほしくないと思っていることでありましょう。

　古今東西，政治家に不満をもつ人は多い。政治家は口先だけで，庶民の味方だとは思っていない人が多い。

　とくに選挙になると，政治家はどんなことでも公約にかかげる。明らかに，無理だと思われることまで公約にかかげる。だから，こんな皮肉まじりのジョークまである。

48 政治家と政治屋の間

- If re-elected I will promise to fulfill all the promises that I made in the last election campaign.
  再選されたあかつきには，私は先回の選挙でしたすべての約束を守るということをお約束します。

- The speeches of some politicians are quite interesting because they give so many facts as well as dreams you can't find elsewhere.
  政治家の演説には，とても興味深いものがある。どこにもありえない多くの事実や夢を述べるからだ。

ことわざに，「喉元過ぎれば熱さを忘れる」(The danger past and God forgotten.) というのがある。政治家，いや，政治屋のなかにはこんなふうに考える人もいるのではあるまいか。

- In an election year politicians never fool all the people all the time — only in the period just before the election.
  選挙の年に，政治家はいつも国民をだますわけでは決してない。選挙の直前にだけだますのである。

とかく政治家は公約や約束を守らないということを強調するためには，電球交換のジョークも可能だ。

- How many politicians does it take to change a light bulb? None. They'll only promise to do it.
  「政治家が電球を交換するのに何人必要か」
  「ひとりもいらない。交換することを約束するだけだから」

じつは，冷戦時代に世界に対して絶大なる影響力を誇示した旧ソ連時代のフルシチョフ首相 (Nikita Khrushchev, 1894-1971) 自身が，こんな開き直ったことを言っているのである。

- Politicians are same all over. They promise to build a bridge

even where there is no river.
政治家というのは世界中どこでもみんな同じだ。川がないところにさえ，橋を架けると約束するんだ。

「政治家は3つの帽子をもっている。ひとつはかぶるため…」ではじまるジョークだが，

▶ Politicians have three hats: one they wear, one they toss in the ring, and one they talk through!

このジョークでも，イディオム表現，俗語表現が巧みに使われている。toss one's hat in the ring は「選挙に立候補する」という意味だし，talk through one's hat「大ボラを吹く，でたらめを言う」などの意味だ。

いかなる国の外交官であれ，つねに国益を考えた態度をとるべきだ。ところが日本の場合，外務大臣が変わるたびに外交の方針がくるくる変わる。
それに，すぐに相手国の事情を理解してしまうという，お人好しが多い。これでは諸外国から軽視されてもしかたがない。そんなとき，こんなジョークでも言いたくなるものだ。

▶ The Foreign Minister is a person whose job is patching up the troubles caused by former Ministers.
外務大臣というのは，前の外務大臣が引き起こした問題の尻拭いを仕事としている人のことである。

48 政治家と政治屋の間

♠こんなジョークもあるよ

What's the definition of a statesman?
A politician who never got caught.
政治家とはなにか？　悪事がバレなかった政治屋のことである。
This politician has stated that he completely understands the social problems of the day. The trouble is he has no idea how to resolve them.
この政治家は，今日の社会問題を完全に理解していると述べた。困るのは解決策をまるで知らないことだ。
A politician is a man full of promise.
政治家とは，約束魔のことである。

49　大統領・首相とユーモア

　ジョークの世界では一国の大統領，首相ともなれば，その知名度からして，これほど格好の餌食はない。ましてや，依然として世界の超大国であるアメリカの大統領ともなれば，世界じゅうの人たちがおおいに関心をもち，その名を知っているであろう。

　まず，クリントン大統領だが，立派に8年間にわたる任務を遂行した。政府の慢性的な財政赤字を見事に黒字に転換させたその功績はおおきい。いくら誉めても誉めすぎることはないだろう。将来の展望どころか，まったく出口の見えないわが国の財政赤字を考えればとくにそうだ。

　さて，多くのアメリカ国民にとっては，クリントンの功績を認めつつも関心事は，やはり実習生，モニカ・ルインスキーとの不倫疑惑なのである。

▶ Why was it so difficult for Clinton to fire Monica Lewinsky? He couldn't give her a pink slip without asking her to try it on first.

「クリントンにとって，モニカ・ルインスキーをクビにすることが，なぜ，それほどむずかしかったのかね」

　さて，このオチを理解するカギであるが，英語には，「彼女からうまくのがれる」という意味のイディオム表現，give her the slip がある。「女性用肌着」の slip とイディオム表現が掛けことばになっている。さらに話をおもしろくさせるために，pink slip を使っている。ただし，英語の pink は，日本語の「ピンク」のような性的な意味合いはない。

▶ Bill Clinton was asked what he thought about foreign affairs.

"I don't know," he replied, "I never had one."

　このジョークでは，foreign affairs が二重の意味で使われている。「外交問題」と「外国での情事」という意味である。ジョークの狙いは，クリントンに「外国での情事は経験したことがない」と言わせているのである。

　一度ジョークの餌食になってしまうととどまるところをしらない。アメリカでは昔も今も大統領選のときにものをいうのは，軍人としての経歴だ。輝かしい軍人歴がものをいう。過去には，アイゼンハワー大統領がそうであった。ケネディ大統領もそうであった。国民は軍人としての経歴のあるなしを危機対応への能力と直結させて考えるのである。
　だから，大統領選にのぞんだクリントンが，マスコミに叩かれた点は，ヴェトナム戦争で徴兵を忌避したではないかということであった。
　結果的に，クリントンは大統領に選ばれたが，ジョークの世界はそれを決して忘れてはいないのだ。

▶ Why doesn't Bill Clinton like old houses?
He's afraid of the draft.

　「ビル・クリントンはどうして古い家が好きじゃないのかね」という問いに対して，draft が「すきま風」と「徴兵」の意味で使われているのである。つまり，ジョークの狙いは，「彼はすきま風を恐れているからさ」ではなく，「彼は徴兵を恐れているからさ」ということになる。

　クリントンがジョークの餌食になった例ばかりを紹介したので，レーガン大統領に話を移そう。彼のユーモア感覚は抜群だった。銃で狙撃され，病院にかつぎこまれたときに，銃弾がまだ体内に入っているにもかかわらず，手術する担当医に向かって「民主党の方じゃないでしょうね」と言ったのは，あまりにも有名なジョークだ。

いかにもレーガン大統領らしいジョークを2つ紹介しておこう。

☞ **I never drink coffee at lunch — I find it keeps me awake for the afternoon.**
私は昼食時に決してコーヒーを飲まない。午後ずっと目が覚めていることがわかったからだ。

▶ I have orders to be awakened at any time in the case of a national emergency, even if I'm in a cabinet meeting.
私は国家の危機に備えて，いつでも目を覚ましているように命令されている。たとえ，閣僚会議の最中でも。

もし，日本の首相がこんなことを言ったら，間違いなく不謹慎ということでマスコミに責められるであろう。

とかく評判のよくなかったブッシュ大統領だが，同時多発テロの迅速な対応で支持率，人気が急上昇した。表情が堅い感じのブッシュだが結構おもしろいことを言っている。本の内容にまったく触れずに，

▶ One of the great things about books is sometimes there are some fantastic pictures.
ときに本がとてもいいと思うのは，すばらしい写真がいくつか載っているからだ。

歴代のイギリスの首相で，いちばんウイットに富んだ首相といえば，チャーチル（Winston Churchill, 1874-1965）をおいて他にいない。
『チャーチル・ウイット』という本が出ているくらいだ。ある晩餐会でのスピーチである。

▶ There are only two things that are more difficult than making an after-dinner speech: Climbing a wall which is leaning toward you and kissing a girl who is leaning away from you.

49 大統領・首相とユーモア

テーブルスピーチをすることよりも，より難しいことが2つだけある。それは自分のほうにそり返っている壁によじ登ることであり，自分からそり返るようにして離れようとしている女性にキスをすることだ。

断固たる姿勢で国営企業の民営化をすすめたサッチャー首相だったが，そのことがしばしばジョークの餌食になった。

▶ How many Thatcherites does it take to change a light bulb？
They don't bother. They just leave it to market forces.
サッチャー首相の政策を支持する人が電球を交換するのに何人必要か。彼らはかまいやしない。市場の原理にまかせておくから。

「新しい労働党」という印象的なスローガンを掲げ，颯爽と登場したトニー・ブレア首相だが，ジョークの世界ではそうはいかない。

▶ Why did the post office have to cancel the Tony Blair postage stamp？
People kept spitting on the wrong side of the stamp.
「郵便局は，どうしてトニー・ブレアの切手を中止せざるを得なかったのかね」
「国民が彼の顔が描かれているほうにツバを吐くからさ」

♠こんなジョークもあるよ

What's the difference between Tony Blair and Santa Claus？ Some people still believe in Santa Claus.
トニー・ブレアとサンタクロースの違いはなにか？　人によっては，いまだにサンタクロースのことを信じている。

50 もめごとあるところに弁護士あり

　アメリカでは，弁護士の数がやたらと多い。それだけ需要があるのである。アメリカ全土で70万人以上はいるであろう。日本は，たしか2万弱だ。ざっと数えて，アメリカの人口を日本の倍だとすると，アメリカでの弁護士の数がいかに多いかがわかる。このこともジョークの対象になっている。

☞ **There are more lawyers just in Washington, D.C., than in all of Japan.**
ワシントンD.Cだけで，日本全国より多くの弁護士がいる。

　このジョークも臨機応変にWashington, D. Cを変えさえすれば，どこででも使える。ただし，弁護士のいないところで。

　アメリカでの離婚率の高さには定評がある。約半分のカップルが離婚する。そして，離婚するときには，妻と夫，それぞれが弁護士をたてる。ここが日本と違うところだ。英語には，divorce Lawyer（離婚を専門に扱う弁護士）という表現もある。だから，こんなジョークがある。

▶ Divorce is a game played by lawyers.
離婚は，弁護士たちが楽しむゲームだ。

　また，離婚した夫婦がそれぞれ大金持ちの場合には，こんなジョークもある。ジョークのおもしろいところは，ジョークでありながら，それがしばしば真実をついているところだ。

▶ Two very rich people got divorced, and their lawyers lived happily ever after.

50 もめごとあるところに弁護士あり

両方ともとても金持ちの夫婦が離婚した。それを担当した弁護士は，その後ずっと幸せに暮らしましたとさ。

日本の映画では，法廷の場面がそれほど多くはないが，アメリカの映画を見ていて気づくことは，かならずといっていいほど法廷の場面がでてくることだ。このことは，アメリカの社会を如実に反映しているといえる。アメリカは，まぎれもなく訴訟社会なのだ。

多くのアメリカ人は，いつ誰から訴えられるか，つねに恐怖にかられているといっても言い過ぎではない。また，アメリカ人は，金儲けのひとつの手段として訴訟を考えていることも事実だ。マクドナルドでコーヒーをこぼして，やけどして裁判の結果，3億円の賠償金を受け取った女性がいた事件を覚えている人もいるであろう。ぼくがニューヨークに住んでいたときに，

☞ **What's the difference between chopping a lawyer and chopping an onion?**
Tears come to my eyes when I'm chopping an onion.
弁護士を切り刻むのと，タマネギを切り刻むことの違いはなにか？ タマネギを切り刻むと涙がでてくる。

というジョークをよく聞いた。弁護士に対する恨み辛みは多々あり，弁護士を切り刻んでも涙すらでないというわけだ。

このジョークもいろんな場面で応用できる。弁護士のところを，ときには暴力を使ってでも借金の取り立てをするサラ金 (loan shark) に置き換えてもよいし，税金取り立て人 (tax collector) に置き換えてもよい。

日本でもそうだが，アメリカでもふつうの国民感情としては，弁護士になにか頼めば相当なお金がかかるというイメージある。そのことを揶揄したこんなジョークがある。依頼人と弁護士との会話だ。

▶ Client : Can you tell me what your fees are?
Lawyer : Well, I charge one hundred dollars to three ques-

tions.
Client :　That's unreasonably expensive, isn't it ?
Lawyer : Yes, now what's your final question ?

「料金はどれくらいかかりますか」
「そうね，3つの質問に100ドルかかりますよ」
「それはバカ高いじゃありませんか」
「そうですとも。それで，3つめの質問はなんでしょうか」

　このジョークでは，「料金はどれくらいかかりますか」が，すでに質問ひとつとみなされ，「バカ高いじゃありませんか」は，2番目の質問として数えられたわけだ。このジョークも弁護士のところを「占い師」「精神科医」「公認会計士」などに変えることによって，パーティーの席などで使えるのである。

　つぎは笑うに笑えないジョークだが，アメリカではありうることだ。過去には，自分の成績が悪いのは，親の育て方が悪いと自分の親を訴えた学生もいたのだから。

▶ John Smith, one of the meanest and most successful lawyers in town, wrote a book. It began, "I borrowed $10,000 from my father so I could graduate from law school. My first case came when my father sued me for $10,000."

その町で，いちばんケチでいちばん成功した弁護士のジョン・スミスが本を書いた。その出だしは，「ぼくは父親から1万ドル借りて法学部を卒業することができた。ぼくが最初に取り扱った事件は，父が1万ドルの返済を求めておこした訴訟である」だった。

　このジョークは，オチはそのままで短くすることもできる。

▶ John borrowed $10,000 from his father to study law. His first case was when his father sued him for $10,000.

　実際には，どこの国のどの社会でも弁護士は必要だ。弱き者の味方

をする弁護士はたくさんいる。ところが，ジョークの世界ではどうしても「金儲けに奔走している弁護士」という悪い面だけを強調しがちだ。いや，そうしないとジョークにならないわけだ。

アメリカ英語の俗語表現で，ambulance chaser「交通事故を商売の種にする弁護士；あくどい弁護士」というのがあるくらいだ。

弁護士をとやかく悪く言うのは，なにもいまはじまったことではない。なんと，シェイクスピアは『ヘンリー六世』のなかで，物騒なことを言っているのだ。

▶ "The first thing we do, let's kill all the lawyers."
われわれが，まずやるべきこと，それは弁護士どもを皆殺しにすることだ。

♠こんなジョークもあるよ

What would you do if you found yourself in a room with Hitler, a terrorist, and a lawyer, and you had a gun with only two bullets? I would shoot the lawyer twice.
「あなたが，ヒットラー，テロリスト，弁護士と同じ部屋にいて，銃弾が2発しか入っていない銃をもっていたとしたらどうしますか」
「弁護士を2度撃ちます」

Talk's cheap until you get a lawyer involved.
話すことって安いものさ，弁護士がかかわってくるまでは。

Where there is a will, there always is a lawyer.
遺言のあるところ，常に弁護士あり。

51 話し上手というのは

　会っていて話をしていると、やたらと楽しい人がいる。そういう人と話をしていると、あっという間に時間がたってしまう。つい、相手の話に引き込まれてしまう。つまり、話し上手なのである。英語では、「話し上手な人、話好きの人」を conversationalist という。

　さて、ジョークの世界での会話。いや、会話には間違いないのだが、なんともとんちんかんなやりとりを紹介しておこう。

　まずは母と子のやりとりだが、いったい大げさなのはどちら？

▶ Peter :　　Mommy, Mommy! There's a big dog, and he's bigger than an elephant!
　Mother :　Now, Peter! You know I've told you a thousand million times not to exaggerate!

「お母さん、お母さん、大きなイヌがいるよ、ゾウさんよりも大きなイヌだよ」
「まったく、ピーターったら、ものごとを大げさに言ってはいけないって、お母さん、これまで10億回もいい聞かせてきたでしょ！」

　アメリカでもイギリスでも、家のなかのなにかが故障して修理人を頼んでもなかなか来てくれない。ときには、忍耐強く何度も何度も連絡することになる。しかも、修理の費用は高い。さて、せっかく来てくれた修理人なのだが、まさかこんなことだったとは！

▶ Mrs. Dole :　　I thought you were coming to repair the doorbell yesterday.
　Repairman :　I did. I rang five times but there was no answer, so I went home.

51 話し上手というのは

「昨日, ドアベルの修理に来てくれるものと思っていたのよ」
「お伺いしましたよ。ベルを5回も鳴らしても, 応答がなかったものですから, 帰ったんです」

アイルランド人の名前にかこつけて, なんともユーモラスなジョークがある。このジョークは, 流行っており, 短いので暗記しやすい。是非, どこかで使ってほしい。

☞ **Mike : My sister married an Irishman.**
Fred : Oh, really?
Mike : No, O'Reilly.
「ぼくの妹がアイルランドの人と結婚したんだよ」
「えっ, ほんと (オッ, リアリー?)」
「いや, O'Reilly (オライリー) という人と結婚したんだよ」

息子の頭に大きなこぶができているので, 母親がその訳をたずねてみると,

▶ Mother : How did you get such a big lump on your head, Ronald?
Ronald : I got hit by some tomatoes.
Mother : How could tomatoes cause such a big lump? They're always so soft.
Ronald : Not when they're in a can.
「ロナルド, 頭の大きなこぶどうしたのよ」
「トマトがぶつかったんだよ」
「トマトがあたったくらいで, どうしてそんなに大きなこぶができるのよ。トマトって, とてもやわらかいじゃない」
「トマトの缶詰がぶつかったんだよ」

イギリスの電車はよく遅れる。駅のアナウンスで「ただいま電車が10分遅れると申し上げましたが, いつものとおり30分遅れることに

なりました」などというジョークがあるくらいだ。だから，乗客と駅員との会話でも，こんなジョークが成立するのだ。

▶ Passenger : I want to catch the late train to Scotland.
　Guard :　　Take the twelve noon train. That's usually as late as any.
「スコットランドへ夜遅く着く電車に乗りたいのですが」
「正午の電車に乗りなさい。いつものとおり遅れますから」

　どんなに仲のいい夫婦でも，夫婦ゲンカはつきものだが，こんな会話ができればケンカにならないにちがいない。

▶ Wife :　　　You forgot my birthday !
　Husband : Oh, my God !
　Wife :　　　You forgot it last year too. Why ?
　Husband : How do you expect me to remember your birthday when you never look any older ?
「あなた，私の誕生日忘れたわね」
「あっ，しまった」
「去年も忘れたのよ，どうしてなのよ」
「君がいつもとても若々しく見えるので，誕生日なんか思い出せないんだよ」

　家庭のなかで，父親の権威がなくなったと言われるようになってから久しい。これは，お互いが妻子もちの男どうしの会話である。

▶ Allan : I decided it was time to tell my wife who was the real boss in my house.
　Frank : Good for you, Allan. What did you say ?
　Allan : You're the real boss.
「いったい，家ではだれが本当のボスなのか，うちの女房に話すことにしたんだ」

「それはいいことだよ。それで奥さんになんて言ったんだよ」
「あなたが本当のボスですとね」

♠こんなジョークもあるよ

The best conversationalist is the person who lets others do the talking.
本当に話し上手な人というのは，相手に話をさせる人のことである。
My wife has a keen sense of rumor.
うちの女房はね，ウワサのセンスが抜群なんだ。

52 看護婦さんとの命懸けの恋とは

　世間からは「白衣の天使」などと言われているが，看護婦の仕事は楽ではない。楽でないどころか夜勤はつきもので激務といっていい。医者だけでなく，看護婦による医療ミスも増えてきている。だからであろうか，とくに日本では，看護婦の退職率がすこぶる高い。

　さて，その看護婦だが，ときには患者と恋に陥ることもあるであろう。患者にとっても恋とは，ときには命にかかわることもある切ないものなのだ。

▶ The young nurse fell in love with one of her patients. One morning, she was upset to see he was gasping for breath.
Patient : Nurse, you want me to get better, don't you?
Nurse : Of course I do.
Patient : Do you really want me to get better?
Nurse : You know I do.
Patient : Nurse, do you really and sincerely want me to get better?
Nurse : I've told you I do. Please believe me.
Patient : In that case, take your foot off my oxygen tube!

若い看護婦が，患者と恋に陥った。ある朝，患者がとても息苦しくしているので，彼女はびっくりした。
「看護婦さん，ぼくの病気がよくなればいいと思っているのかい」
「もちろんだわ，よくなればいいと思ってますよ」
「本当によくなればいいと思っているのかね」
「そんなこと，わかっているじゃない」
「か，看護婦さん，本当に心から，ぼくがよくなればいいと思っている

52 看護婦さんとの命懸けの恋とは

のかい」
「当たり前じゃないのよ，どうか私のことを信じてください」
「ならば，か，か，看護婦さん，さ，さ，酸素吸入の管から君の足をどかしてくれよ！」

　お年寄りの患者が，若い看護婦さんに接していると，病気の治りが早いという話を聞いたことがある。これは，なにかわかるような気がする。ところが，若い男の患者が，若くきれいな看護婦さんに接したときには，別な副作用があるらしい。

▶ Nurse : Doctor, every time I take this young man's pulse it gets much faster. Should I give him a sedative or something?
Doctor : No. Just give him a blindfold.
「先生，この若い男の患者さんの脈は，はかる度にとても速くなるのです。鎮静剤かなにか与えましょうか」
「その必要はないな。患者に目隠しをするだけでいいんだよ」

　入院したり，手術をうけたときに，治療費とは別に患者が医者や看護婦に謝礼をおくる慣習は根強くあるらしい。

▶ A nurse once told me, "If you really want to get attention in a hospital, give a little thought to T. L. C." I said, "Tender Loving Care?" She said, "No. T. L. C. Try Leaving Cash!"
看護婦が「病院で気にかけてもらいたかったら，T. L. C. を少しは考えなくてはね」と，ぼくに言ったんだ。それで，ぼくは「T. L. C. とは，Tender Loving Care（やさしく愛のこもったお世話）のことかね」と聞いたら，「Try Leaving Cash（謝礼金をおいていくように）」という意味だというんだ。

　手術をした際に，医者がうっかりして患者の体内に医療器具を置き忘れてしまったということはたまにある。だが，この場合はなんと，

▶ Doctor : How is the patient doing after I operated on his heart?
Nurse : He's fine except for one thing. He seems to have a double heartbeat.
Doctor : Ah, so that's where it's gone. I wondered where I had lost my wristwatch.

「私が心臓の手術をした患者さんの容態はどうかな」
「とてもよろしいのですが,ひとつだけ気になることがあります。患者さんの心臓の鼓動の音が二重に聞こえるのです」
「あ,そうだったのか。腕時計をどこでなくしてしまったのかと思っていたんだ」

　つぎのジョークでは,看護婦さんの言った「No!」を医者がどのように解釈したのかじっくり考えてみよう！

☞ **Doctor : Do you know one of the most important words that a nurse ought to learn early and use regularly?**
Nurse : No!
Doctor : That's right.

「看護婦が最初に学んでおいて,いつもきちんと使うべき最も重要なことばを知っているかね」
「ノー！」
「そのとおりだよ」

♠こんなジョークもあるよ

Nurse : Your pulse is steady as a clock.
Patient : No wonder! You got your fingers on my wristwatch.
「患者さん,脈拍はまるで時計のように正常ですよ」
「当たり前ですよ,看護婦さん。ぼくの腕時計に手をあてているんですから」

ロンドンのパブで

イギリス全土でパブの数は，7万軒とも8万軒とも言われている。そして，英語の格言に，It's a poor street without a pub in it. というのがある。「パブの一軒もない通りなんて通りとは言えない」というような意味である。

ある日の昼下がり，ロンドン地下鉄の駅，ウェスト・ケンジントンに隣接するパブで，ぼくはジョークの本を読みながらビールを飲んでいた。ぼくはカウンターにいちばん近い席に座った。そのほうがビールをたのみに行くときに便利だからだ。

カウンターにもたれながら飲んでる客のなかに，黄色のホット・パンツ姿の真っ赤な帽子をかぶった若い女性がいた。ぼくは思い切って「なかなかいい帽子だね」と，声をかけた。聞いてみると，彼女はロンドン大学で経営学を専攻していて，将来は経営コンサルタントになりたいという。ぼくは，ジョークの本を彼女に見せてあげた。彼女は人目もはばからず，甲高い声でゲラゲラ笑った。ぼくは，なにかいいジョークを教えてくれとたのんだ。すると，機関銃のような早口でジョークがかえってきた。2つだけ紹介しておこう。

Why do American people constantly complain English sandwiches are small? Because American people's mouths are bigger than English people's mouths.
(どうしてアメリカ人は，イギリスのサンドイッチが小さすぎると，いつも不満を言うのかね。それは，アメリカ人の口がイギリス人の口より大きいからさ)

Why are Americans so frustratingly boring? Because they watch 52 channels of rubbish.
(アメリカ人というのは，どうしてどうしようもないほど退屈な国民なのかね。それは，52チャンネルものくだらないテレビ番組ばかり見ているからさ)

アメリカ人にとっては，どれも辛辣なジョークだが，あくまでもジョークとして理解してほしいとのことであった。

53 呼べども来ない配管工

　英語のジョークの世界では，日常生活にかかわりのあることであれば，なんでも取り上げる。配管工もいい例だ。キッチン，バスルームなどの蛇口のパッキングが古くなるとちょっとした水漏れの原因になる。こんなことは多くの家庭が経験しているはずだ。
　その配管工だが，とくにイギリス，アメリカでは頼んでもなかなか来てくれない。そこで，こんな皮肉たっぷりなジョークが登場する。

☞ **I think my two young sons are going to be plumbers when they grow up — they never come when they're called.**

私の2人の息子は大きくなったら，配管工になるであろう。彼らは呼んでも来たためしがないから。

▶ I called up the plumber and said, "Please come quickly. There's a ten-inch leak in the basement!"
He said, "That doesn't sound too bad!" I retorted, "Very serious you know. We're all in a houseboat!"

配管工に電話して，「すぐに来てくれ，地下室に水が10インチもたまっている」というと，彼は「それほどたいしたことじゃないようだね」というんだ。だから，「たいへんな水漏れだ。私どもはみんなハウスボートに乗っている」と言ってやったんだ。

　何度お願いしても配管工はすぐには来てくれないので，頼むほうもいろいろと対策を講ずることになる。なかには，こんな人までいたのだ！

▶ An urgent call was put in for a plumber in the morning but

53 呼べども来ない配管工

he didn't arrive until five hours later. "How is it?" he asked upon entering the house. "Not so bad," replied the home owner. "While we were waiting for you I taught my wife and kids how to swim."

朝,配管工に緊急に連絡したが,5時間も待たされた。家に入ってくるなり,「どんな状態かね」と聞いてきた。「たいしたことないよ。待っている間,妻と子供たちに泳ぎ方を教えておいたから」と,その家の旦那は答えた。

　何回もお願いして,ようやく配管工が来てくれた。しかし,ひどい

水漏れなのに慌てているようすなどまるでない。それどころか，こんな助言をしたのだ！

▶ The plumber came up after he checked the damage and said, "Your basement has a serious leak. Should I fix it immediately, or do you want to pretend you live in Venice?"
配管工が水漏れの箇所を調べてから上がってきて，「地下室の水漏れはひどいですよ。すぐに修理しますか，それとも水の都，ベニスに住んでいる気分で過ごしたいですか」と，言ったんだ。

床が滑りやすいので，家主は気を使って配管工に言ったつもりだったのだが，さすが配管工。すでに対策を講じていた。

▶ A plumber was sent to a house to repair a leak.
The owner said, "Please be careful of the new wood floors. They are very slippery."
"Oh, you don't need to worry about my slipping on them," replied the plumber. "I've got sharp spikes on my boots."
水漏れの修理のために配管工が呼ばれた。
「新しい木の床に気をつけてくださいよ。とても滑りやすいですから」と，家主は言った。
「床がすべりやすいということは心配ないですよ。ぼくのブーツには鋭いスパイクがついてますから」配管工が言った。

配管工といえば，料金が高いことで定評がある。欧米諸国では，人件費が高いのだ。このジョークでは，高額な料金を請求する医者を批判しているようで，じつは配管工をもヤリ玉にあげている。

▶ Definition of a doctor : A person who poses as a humanitarian and charges like a plumber.
医者とは：人道主義者を装い，配管工のように料金を請求する人。

それでは，配管工が請求する料金というのは実際にどれくらい高い

のか？

▶ Grey : Do you know the worst word you can hear from plumbers?
Mike : No, what is it?
Grey : When they say "Uh-oh!" The "uh" costs fifty dollars and the "oh" costs seventy-five dollars!

「配管工が口にする最悪のことばを知ってるかい」
「知らないね，なんだね」
「彼らが'へえ！'と言ったら'へ'が50ドルで，'え'が75ドルということなんだ」

♠こんなジョークもあるよ

Plumber : Here I am. What's the problem?
Secretary: The manager emptied the suggestion box.
Plumber : So why do you need me?
Secretary: The toilet got clogged.
「ただいま参りました。どこかおかしいところがあるのですか」
「部長が提案箱を空にしてしまったんです」
「それなら，どうして配管工の私が必要なんですか」
「(部長が提案箱の用紙を捨てたものですから) トイレが詰まってしまったんですよ」

54 自分を笑える アイルランド人

　ヨーロッパの極西に位置するアイルランドは北海道よりも狭く，人口わずか350万あまりの小国だ。しかし，そこに住む人たちは素朴で親切でひとなつっこい。そして，彼らのユーモア感覚も抜群だ。
　アイルランドは英文学史上に名をとどめる多くの著名な詩人・小説家を生み出した。詩人のイェーツ（William Yeats, 1865-1939），小説家のジョイス（James Joyce, 1882-1941），そして，あの毒舌家のオスカー・ワイルドを生み出したのもアイルランドなのである。
　ワイルドは，はじめてアメリカを旅行したときに税関で，「申告するものはないか」（Have you anything to declare?）と聞かれたとき，「自分の才能以外は申告するものはない」（Nothing except my genius.）とこたえたとか。

　アイリッシュ・ジョーク（Irish jokes）のひとつの特徴は，徹底して自分を笑いの対象にすることである。自分を笑えるということは，すぐれて精神の余裕を意味する。

　牛乳を飲んで身体が丈夫になりこそすれ，身体をこわすなどということは考えられないのだが，こんな場合もあるらしいのだ。

▶ Have you heard about the man who injured his body by drinking milk?
The cow fell on him.
「牛乳を飲んで身体をこわした男の話を聞いたかい」
「牛が彼の上に倒れたのさ」

　なにを思ったのか，新聞の死亡欄を不思議そうに見ていた男がいうには，

▶ "I have some doubts about obituaries," said a man reading a newspaper, "how people always seem to die in alphabetical order."
「新聞の死亡欄の記事は理解できないなあ。人はどうしていつもアルファベット順に死ぬのかなあ」

たしかに,英字新聞の死亡欄では,アルファベット順に氏名が掲載されている!

上機嫌でパブに入ってきた新顔の客がいうには,

▶ "Hey," said a new arrival in the pub, "I've got some great Irish jokes."
"Before you start," said the big bloke, "I'm warning you, I'm Irish."
"Don't worry," said the newcomer, "I'll tell them slowly."
「へい,すばらしいアイリッシュ・ジョークを手に入れたぞ」

「そのジョークをいう前に，警告しておく。おれはアイルランド人だぞ」大柄の男が言った。
「心配しなさんな。ジョークをゆっくり言うから」入ってきた男が言った。

　ジョークをゆっくりと言うから，オチがわかるというわけだ。少々面白味に欠けるアイリッシュ・ジョークでも，あるいは，少々理解が遅いアイルランド人でも心配ないというわけだ。オチが同じジョークにこんなものもある。

☞ **How do you make an Irishman laugh on Monday? Tell him a joke on Friday.**
「月曜日に，アイルランド人を笑わせるにはどうしたらいいかね」
「金曜日に，あらかじめジョークをいっとくのさ」

　ジョークの世界に登場するアイルランド人はドジなことをいうが，じつはお笑いの天才なのだ！

▶ After ordering the extra large pizza at the pizza house, the Irishman added, "And make sure you only cut it in three slices. I don't think I could eat six slices."
アイルランド人が，ピザ専門店で特大のピザを注文してから言った。
「ピザは3つに切ってくれ，6切れなんて食べきれないからな」

　アイルランドはとてつもない宇宙飛行の計画をたてた。その壮大なる計画とは？

▶ The Irishman was telling an American about Ireland's plan to land a man on the sun.
"That's crazy," said the American, "the rocket will burn up."
"It's okay," said the Irishman, "we're sending it up at night."
わが国は，太陽に向けて人間を送り込む計画であると，アイルランド人がアメリカ人に説明していた。

54 自分を笑えるアイルランド人

「そんなバカな。ロケットが燃えつきちゃうじゃないか」アメリカ人が言った。
「だいじょうぶだよ。ロケットは夜に打ち上げるから」アイルランド人がこたえた。

ダブリンのとあるパブで，親しくなったバーテンがこんなジョークを教えてくれた。

▶ What's the difference between a wife and a terrorist?
We can negotiate with a terrorist.
妻とテロリストとの違いはなにかわかるかね？　テロリストとは交渉の余地があるということさ。

同じパブで，昼でも夜でも，酒が好きで好きでたまらない赤ら顔のアイルランド人がこんなことを言っていた。

▶ I never drink unless I'm alone or with somebody.
オレはなあ，ひとりか，誰か相棒がいねえと絶対に酒を飲まない主義なんだ。

♠こんなジョークもあるよ

Why do these dogs have flat faces?
Because they chase parked cars.
「このイヌたちはどうして顔がつぶれているのかね」
「駐車している車を追いかけるからさ」
A man went to the doctor and complained that every time he had a cup of tea he got a sharp pain in his eye.
"Have you tried taking the spoon out of the cup?" asked the doctor.
男が医者に行き，ティーを飲むたびに目に激しい痛みが走ると言った。
「ティーを飲むときに，カップからスプーンを取り出しているかい」医者がたずねた。

55 しっかり者のスコットランド人

　スコットランドは，グレート・ブリテン島（Great Britain）の北部を占め，常にイングランドと対立してきた。その歴史は波乱に満ちている。それゆえ，スコットランド人は自分たちがスコットランド人であることをなによりも誇りに思っている。
　だから，スコットランドへ行って，"Are you an Englishman?" と聞くと，"No. I'm a Scotsman." というそっけない返事がかえってくる。また，スコットランド人といえば，旺盛な自立心，勇敢，激情家などのことばがぴったりと当てはまる。しかし，ジョークの世界に登場するスコットランド人は，しまり屋，もっと言えばケチが多い。
　鉄道の駅までタクシーで行こうとしていたアレンとタクシーの運転手とのやりとりである。

▶ Allen : How much do you charge to take my three kids and me to the railway station?
　Driver : Ten pounds, and your kids can ride for nothing.
　Allen : Fine! Take my kids to the station. I'm taking the bus.

「3人の子供がいるんだけど，駅までいくらだい」
「10ポンドですよ，子供はサービスしておきますよ」
「ああ，よかった！子供だけたのむよ。ぼくはバスを利用するから」

　子供といえどもスコットランドでは，しっかりとした経済観念をもっている。それは親の教えが徹底しているからだ。家にとびこむようにして帰ってきた息子のマークと父親との会話に耳を傾けてみよう。

▶ Mark burst into the house and said to his father:
"Daddy, Daddy, I ran home behind the bus and saved fifty

pence." His father replied, "You could have done better son. You could have run home behind a taxi and saved three pounds."

「お父さん，お父さん，バスのあとを追いかけて帰ってきたので，50ペンス節約できたよ」

「息子よ，もっと節約できたのに。タクシーのあとを追いかけて帰ってくれば，3ポンドも節約できたんだぞ」

　スコットランドといえば，セントアンドルーズのゴルフコースが有名だ。まさか，そこのゴルフ・クラブの掲示ではないと思うのだが，

☞ **Sign posted in a Scottish golf club: Will members kindly refrain from picking up lost golf balls until they have stopped rolling.**

会員のみなさまへ：見失ったボールにつきましては，ボールが完全にとまるまで拾わないでくださいますようお願い申し上げます。

　What's the difference between 〜？の手法を用いれば，スコットランド人のケチぶりはこうなる。

▶ **What's the difference between a Scotsman and a coconut? You can get a drink out of a coconut.**

スコットランド人とココヤシの実との違いはなにか？　ココヤシの実からは飲み物が得られる。

　イングランド人とスコットランド人のやりとりだが，この切り返しかたは，さすがに機転のきいたスコットランド人の勝ちだ！

▶ **Englishman :　In Scotland, the men eat oatmeal; here in England we feed it to our horses.**
　Scotsman :　　That's why English horses and Scottish men are the finest in the world.

「スコットランドでは，人間がオートミールを食べているそうだが，イ

ングランドではね，オートミールは馬にやるんだよ」
「だから，イングランドの馬とスコットランドの人間は世界一すばらしいんだ」

　スコットランドでは，眼科医の数が極端に少ないそうだが，その本当の理由とは？

▶ Tom : Do you know why there are so few opticians and so many dentists in Scotland?
　Jim : I have no idea.
　Tom : Because a person has only two eyes, but thirty-two teeth.

「スコットランドでは，どうして眼科医がほとんどいなくて，歯医者がやたらに多いか知ってるかい」
「まるでわからんよ」
「人間には目が2つしかないが，歯は32本あるからさ」

　ジョークの意をこめて，スコットランドの諺も紹介しておこう！

▶ Never drink whisky with water and never drink water without whisky.
決して水を混ぜてウィスキーを飲んではいけない。決してウィスキーの含んでない水を飲んではいけない。

♠こんなジョークもあるよ

My Scottish friend got married to a girl born on February 29. Why? He has to buy her a birthday present only once every four years.
ぼくのスコットランド人の友人が2月29日に生まれた女性と結婚したんだ。なぜかわかるかい？　奥さんへの誕生日のプレゼントを4年に1度買えばよいからなのさ。

街はジョークの展示場

　英語が母語として使われている国々で生活をしたり，その国に旅行したときに感ずることは，一歩街に出れば，そこはユーモア，ジョークの展示場ということだ。ロンドンの地下鉄の構内で，こんなユーモラスな掲示を見たことがある。

Before I go to bed I wedge my Travelcard into my toothpaste tube. Not only does it ensure I don't forget my Travelcard in the morning, but gives it a lovely minty smell too. Remember your Travelcard and forget the Penalty.
（私は寝る前に，トラベルカードを練り歯磨きチューブのなかに押し込んでおく。こうすれば，朝になってトラベルカードを忘れることは決してないし，おまけにカードがハッカの匂いをかもしだしてくれる。トラベルカードをお忘れなく，罰金のことは忘れよう）

Every night before I go to bed I always remember to stick my Travelcard into the Cornflakes box. This not only guarantees I don't forget my Travelcard in the morning, but when I get to work I can squeeze the milk from the ticket into my tea. Remember your Travelcard and forget the Penalty.
（毎晩，私は寝る前に，忘れずにトラベルカードをコーンフレークの箱のなかに入れることにしている。こうすれば，朝になってトラベルカードを忘れることは決してないし，職場についたときに紅茶に入れるミルクをカードから絞り取ることができる。トラベルカードをお忘れなく，罰金のことは忘れよう）

　これらの掲示は切符や定期券の不所持による不正乗車撲滅のためのキャンペーンなのである。警告じみた掲示だけでは角がたつ。こんなところにも，イギリス人のユーモア感覚が見事に生かされている。
　不正乗車は深刻な事態に違いないが，それでも冷静さを失わず，あふれるユーモア感覚で事態の打開を計ろうとしているのである。ぼくは，この掲示の前で利用客が笑みを浮かべながら立ち止まっている光景を何度も見かけた。ちなみに，Travelcard とは定期券のこと。

56 最高のユダヤ・ジョーク

　人はジョークをいう。ジョークを言わない国民はいない。アメリカ人はジョークが好きだし、イギリスは世界で最もすぐれたジョークを生み出した国だ。なかでも、ユダヤ人のジョークは絶妙である。

　人によっては、ユダヤ人のユーモア感覚と彼らの民族としての悲劇の歴史を直結させて考える人もいる。ユダヤ人のジョークの特徴、それは、はっとするようなまったく予期せぬオチにある。

　海外出張から帰ってきたばかりの夫と留守番をしていた妻との会話である。

▶ Husband : Honey, I'm home. Where are you?
　Wife : 　　I'm hiding.
　Husband : Honey, I've got a big surprise for you. Where are you?
　Wife : 　　I'm hiding.
　Husband : I bought you that diamond necklace and earrings you wanted. Where are you?
　Wife : 　　I'm hiding ... behind the sofa in the living room.

「ねえ、いま帰ったぞ。どこにいるんだい」
「私、隠れているの」
「ねえ、君がびっくりするようなお土産を買ってきたんだぞ。どこにいるんだい」
「私、隠れているの」
「君が欲しがっていたダイアモンドのネックレスとイヤリングを買ってきてやったんだぞ。どこにいるんだい」
「私ね、リビングルームのソファーの後に隠れているの」

先生と生徒（マイケル）のやりとりだが、マイケルの返答がなんとも心憎い。

▶ Teacher : Now, Michael, aren't you ashamed for having forgotten your pencil? What would you think of a soldier who went to battle without a gun?
Michael : I'd think he was an officer.

「ねえ，マイケル，鉛筆を忘れてきたことを恥ずかしく思わないのかね。銃ももたずに戦場に行った兵士のことを君はどう思うかね」
「先生，その兵士は将校だと思います」

道を歩いているときでも，公園で休んでいるときでも，運が悪ければ鳥のフンをかけられることがある。この老人は運が悪かったのだが鳥への叫び声が絶妙だ。

▶ An elderly man was sitting on a park bench reading a magazine. A bird flew overhead and a copious dropping landed on the man's new suit. He looked up, got into a fury, and cried out, "For other people, you sing beautifully!"

老人が公園のベンチに座って雑誌を読んでいた。小鳥が頭上を舞い，老人の新調のスーツの上にフンをしこたま落とした。老人はフンガイして空を見上げ，「小鳥たちよ，ほかの人たちにはきれいな声で歌を歌ってあげているのに」と，大声で叫んだ。

医療費の支払いをめぐる，医者と患者のやりとりだが，患者だってだまってはいない！

▶ Doctor : Say, the check you gave me came back!
Gloria : So did my rheumatism!

「ねえ患者さん，あなたが支払った小切手だがね，換金されずに戻ってきちゃったよ！」
「先生，私だってリウマチがまたもとの状態に戻ってしまったのよ！」

ジェフが「太陽と月，どちらがより重要なのか」という質問をユダヤ教牧師にした。すると意外な返答がかえってきた。

☞ **"Which is more important, the sun or the moon?" Jeff asked the rabbi.**

"What a silly question!" snapped the rabbi. "The moon, of course! It shines at night when we really need it. But who needs the sun to shine when it is already broad daylight?"

「バカな質問をするな。もちろん，月のほうが重要だ。夜には光が必要だ。月は夜に輝いている。真っ昼間に，だれが太陽の光なんかを必要とするのかね」

ユダヤのジョークは風刺が鋭くウィットに富んでいるが，これがそのいい例である。旧ソ連時代に流行ったジョークだ。

56 最高のユダヤ・ジョーク

▶ A Russian Jew was arrested by the Soviet secret police when they found American matches in his possession.
When his trial came up, he told the judge, "Your Honor, I admit that I was using Capitalistic matches, but only to light our People's matches."

ロシア系のユダヤ人がアメリカ製のマッチを所有していたということで、ソ連秘密警察によって逮捕された。
裁判が行われたときに、「裁判長、私が資本主義国家のマッチを使っていたことは認めますが、それはあくまでも、わが国の人民がつくりだしたマッチに火をつけるためのであります」と、彼は釈明した。

金銭感覚にすぐれているユダヤ人によるインフレの定義は、じつに単純明快である。

▶ Inflation : What used to cost ten dollars to buy now costs twenty dollars to repair.

インフレとは10ドルで買えたものが、いまではそれを修理するのに20ドルかかるということだ。

♠こんなジョークもあるよ

Why do Jews always answer a question with another question?
Well, why not?
「どうしてユダヤ人は、質問にたいして質問形式で答えるのかね？」
「それが、どうしていけないんだい？」

What would you do if you found a million dollars?
Well, if it was a poor person who lost it, I'd give it back.
「100万ドルを拾ったとしたら、君ならどうするかね？」
「そうだね、落とした人が貧乏人だったら返してやるだろうな」

キーワード索引

A

accountant 13
age 158, 159
air bag 208
airplane 30, 208
airport 166
allergic 17
American 151, 235, 242, 251
ancient Romans 181
apple 10, 180
applicant 29
apron 26
arithmetic 175
arrest 9, 77
aspirin 171
astronaut 47

B

baby 197
bachelor 148, 149, 150
ballet 153
bank 12, 13, 14
bank account 6
banker 12, 13, 14
baseball 51
bath 20, 42
bathroom scale 59
beach 36, 37
beard 147
bed 81, 148, 247
bell 98, 129
bellboy 42
bigamy 80, 166
bilingual 151
billionaire 6, 30, 143
birthday 135, 154, 166, 230
birthday cake 99, 100, 156
birthday party 98
birthday present 246
blind 20
blindfold 233
blond 99
boom 31
boss 24, 26, 27, 33, 147, 230
bulldog 116, 135

C

cab 121, 191
caddie 103
calendar 80
candle 69, 99, 100, 156
candlelight 200
capital punishment 50
car 32, 72, 101, 208
cardigan 101
carry-on luggage 30
cash 11, 14, 233
castanet 112
cat 57, 118, 119, 120, 170
cellphone 129
cheat 78, 103, 136, 182
check 14, 250
checkbook 38

cheese 118, 127
chemistry 187
chess player 127
cholesterol 215
chopstick 49
church 95, 96
cigarette 88, 144
civil servant 93, 127
clock 29, 32, 234
cock-a-doodle-doo 81
coconut 245
collection 95, 96
commercial 63, 96
company 28, 29, 30, 146
computer 66, 68, 69, 120, 126
computer game 69
computer programmer 91
concert 112
Congress 49
container 179, 187
conversation 54
conversationalist 228, 231
cook 64
cooking 46
corporation tax 17
cow 23, 179, 240
Creation 94
credit card 5, 14, 48
crime 77, 79
crocodile 68
crooked 177
customer 23, 25

D

date 136, 147, 149
deer 47
dentist 212, 246
diet 59, 60, 61
dinosaur 171
divorce 122, 134, 135, 166, 197, 224
doctor 10, 17, 65, 86, 119, 122, 123, 170, 213, 214, 215, 233, 234, 238, 243
dog 44, 57, 114, 116, 117, 127, 165, 228, 243
dog food 44
doorbell 228
door-to-door salesman 20, 22
doughnut 195
down payment 23
draft 221
drink 82, 83, 85, 88, 124, 141, 142, 222, 243, 246
driver 70

E

earth 177
earthquake 57
economical 116
egg 124, 215
election 217
electric appliance 166
electric chair 79
elementary school 179, 210
elephant 50, 128, 129, 171, 228
elevator 28, 42
employee 28, 33
empty-handed 98
endorse 14
engagement ring 133
English climate 56

exam 153, 182
examination 199
executive 155
expressway 71
ex wife 142

F

family 114, 124
farmer 22, 105
fat 60
FBI 74, 75
fertilizer 94
fingerprint 45
fire 26, 33, 34, 220
fire department 117
fish 46, 83, 106, 108, 109
fisherman 106, 108, 109
fly 22, 62, 63, 180
food 9, 44
foreign affairs 220
Foreign Minister 218
funeral service 209

G

gas gauge 210
gentleman 99
"Get Well" card 165
glasses 76, 214, 215
God 94, 176
golf 17, 24, 51, 103, 104, 105, 245
gravity 180

H

hair 158
half empty 209

happiness 5, 6, 8, 197
happy 4
hat 218
hell 150
hen 23
history 51, 177, 198, 199
hole 104
holiday 37, 38, 39
homework 64, 177, 181, 184, 185
honest 182
honesty 142
horse 58, 245
hospital 233
hotel 37, 40, 41, 42, 78
housewife 46
humanitarian 238
husband 14, 22, 68, 88, 105, 108, 127, 135, 143, 150, 159, 161, 166, 202, 230

I

imperative 196
income tax 16, 17
inflation 8, 9, 10, 11, 251
installment plan 16
insurance 33, 161, 162
invest 17
investment 162
invisible 170
invitation card 100
ironing 149
IRS 17

J

Japan 224

Japanese 11, 35
Japanese diet 49
Japanese tourist 90
Jew 251
job 29, 32, 103, 147, 191, 192
joint account 14
joke 202, 203, 204
jury 80

K

kiss 36, 122, 144, 145, 146, 147, 222
kitchen 46, 72, 88
kitten 119

L

language 151
Latin 181
law 76
law school 188
lawyer 56, 79, 80, 92, 124, 224, 225, 226, 227
lecture 76, 188
left-handed 102
liar 17, 123
license 76, 116
lie 50, 136, 159
light bulb 90, 92, 93, 217, 223
lipstick 146
liquor 84
London underground 92, 128
love 5, 137, 139, 141, 232
love affair 104
love at first sight 159
lover 145
lunch 8, 44, 58, 155, 222

M

maid 100
manager 17, 21, 45, 239
market 223
marriage 49, 66, 132, 133, 134, 135, 197
marry 48, 66, 102, 132, 135, 138, 141, 149, 150, 209, 210, 229, 246
match 251
math 184
mattress 50
medical certificate 17
milk 179, 240
milking machine 22
millionaire 143
mime artist 77
minister 195, 218
mistress 50
misunderstanding 132
money 4, 5, 6, 9, 10, 11, 14, 28, 31, 38, 51, 188, 210
monkey 126
moped 148
mother-in-law 164, 165, 166
motorbike 50
motorcycle 23
mouse 120, 170, 197
mousehole 118
mousetrap 168
mouth 144, 235
movie 139, 148
mugger 11, 90
murder 79
mustache 147

N

nail   140
neighbor   21, 110, 111, 116
newspaper   34, 51, 62, 63, 82, 116, 191, 241
nuclear submarine   49, 153
nurse   101, 204, 232, 233, 234

O

oatmeal   245
obituary   241
old   51, 69, 156, 158
onion   225
onion diet   58
operation   215
optician   214
optimist   77, 208, 209, 210
oxygen tube   232

P

painter   30
parking meter   115
parrot   122, 123, 124
party   98, 99, 100
pastor   97
patience   61, 104, 109
patient   119, 122, 123, 204, 212, 213, 214, 215, 232, 234
penguin   66
pessimist   208, 209, 210
piano   110, 113
piano tuner   110
pig   128
pizza   242
plague   150
plane   200
plumber   236, 238
plural   195, 197
pocket   8, 56, 82, 100, 176, 191
poem   183
police   75, 77, 118, 143
policeman   70, 71, 77, 168
politician   216, 217, 219
politics   50
pond weed   105
poor   9, 150, 161
postage stamp   7, 223
postman   169
post office   223
poverty   17
prayer   95, 152
priest   95
President   154, 216
president   28, 30, 150
price   10, 215
priest   95
prison   75, 78, 79, 80, 142
professor   115, 189
progress   49
pronoun   194
pub   85, 241
pulse   233, 234

R

rabbi   250
railway guard   129
rain   43, 46, 140
raise   21, 150
recession   31
refrigerator   59
rent   80
rest   39

restaurant   44, 46, 138
rheumatism   250
rich   17, 96, 119, 150, 161, 224
room service   42
rumor   231
Russian Jew   251

S

sailor   129
salary   34, 150
salesman   20, 22, 23, 162
salt   139
sandwich   235
Santa Claus   223
sardine   49
savings account   14
school   179, 180, 182, 198
seat belt   208
secondhand smoke   89
secret   4, 59
secretary   26, 146
secret police   251
sedative   233
sermon   95
sex   104, 159
sexual activities   65
sexy   85
sheep   101, 169
sheet   40, 41
shopper   5, 129
show business   64
shower   42, 60
shrink   147
shunk   14
silence   49
sin   95
singer   112, 113
single   22, 150
skid mark   14
skin   18, 61, 143
slip   220
smoke   65, 86, 87, 88, 124, 142, 179
snow   55
soap   46
sober   35
Social Security   162
solvent   187
soup   45, 46
spoon   45, 243
spray   22
spring   32, 105
statesman   216, 219
Statue of Liberty   155
steak   162
stingy   92, 99
stock market   31
stomach   8
stone's throw   37
straight   178
stripper   96
success   30, 59
suffering   133
suggestion box   239
summer   32, 37, 38, 39
sushi   46
swimming pool   40

T

tail   116
tail feathers   4
tax   16, 17, 18, 31

taxi   245
taxidermist   18
teacher   94, 106, 129, 174, 177, 179, 183
teapot   154
tear   225
teaspoon   100
television   62, 63, 64, 200
teller   13, 14
terrorist   166, 227, 243
Thatcherite   223
thermometer   61
thief   48
tip   8, 42
tire   23
toilet   115, 176, 239
tomato   229
tomato juice   61
tooth (teeth)   41, 89, 115, 162, 212, 213, 246
topless bar   59
traffic cop   76
traffic ticket   70
travel agency   38
Travelcard   247
trilingual   151
trousers   104
TV   32
TV dinner   64

U

umbrella   12
unemployed   33, 34
unemployment   32, 34
unhappy   4
university   187, 189, 190

V

vacation   38, 39
video game   175
Vietnam War   151
viola   151
violence   62
violin   111, 151

W

wage   27
waiter   44, 45
wallet   9, 30
Wall Street   30
water closet   111
wear the pants   26, 76
weather   35, 54, 56
weather forecast   140
weather forecaster   56
wedding ring   48, 133
weekly rate   43
weight   58, 59
whisky   84, 246
wife   14, 43, 49, 64, 68, 76, 78, 79, 111, 116, 122, 133, 134, 135, 142, 159, 166, 230, 231, 243
wife's birthday   135
wig   99
will   227
wine   153
winter   32, 56
work   29, 31, 39
worker   34, 69
workload   68
wristwatch   234

[著者略歴]

丸山孝男（まるやま　たかお）
北海道に生まれる。
ニューヨーク大学大学院修了。英語学・社会言語学専攻。
現在，明治大学教授。
著書に『英語脳はユーモア・センスから』（ＫＫベストセラーズ），『例文中心カタカナ語を英語にする辞典』（共編著，大修館書店），『英語でジョークを言ってみよう』（共編著，南雲堂），「書を捨ててパブに詣でる」「ロンドンのホテルを楽しむ」（『誘惑するイギリス』に所収，大修館書店），『最新英語情報辞典』（分担執筆，小学館）ほか，訳書に『感情表現・発想別 英語イディオム活用辞典』（共編訳，大修館書店）などがある。

英語 ジョークの教科書
Ⓒ Takao Maruyama, 2002　　　　NDC 837　xii, 258p　19cm

初版第 1 刷 ― 2002 年 3 月 10 日
　第 7 刷 ― 2010 年 9 月 1 日

著者	丸山孝男
発行者	鈴木一行
発行所	株式会社大修館書店

〒101-8466 東京都千代田区神田錦町 3-24
電話 03-3295-6231（販売部）03-3294-2356（編集部）
振替 00190-7-40504
［出版情報］http://www.taishukan.co.jp/

装丁者	河井宜行／タイトル文字 成澤正信
イラスト	海老原ケイ
印刷所	三松堂印刷
製本所	難波製本

ISBN 978-4-469-24468-7　Printed in Japan
Ⓡ本書の全部または一部を無断で複写複製（コピー）することは，著作権法上での例外を除き禁じられています。

感情表現・発想別
英語イディオム活用辞典

J. B. Heaton, T. W. Noble 著　　丸山孝男, 寺内正典 編訳

英語のイディオムを, 感情表現, 機能, 状況別にカテゴリーで分類した辞典。例文の補充, 品詞やスピーチレベル（口語, 俗語など）, 由来などを示して使用の便を図った。目次・索引を各2種類用意し, キーワードから, カテゴリーから, 詳細な和英索引からなど, イディオムへの多様なアクセスを可能にした。

● 四六版・上製・函入・450頁
本体 3,400 円

例文中心
カタカナ語を英語にする辞典
―― 和製語から通じる英語へ

丸山孝男, 小林忠夫, 山崎千秋, 寺内正典 編著
M. Brown, M. Cormack 英文校閲

アバウト, シャワートイレ, ダブルワーカー, プッシュホンなど, そのままローマ字化しても英語として通じないカタカナ語をとりあげ, 正しい英語, わかりやすい表現のしかたを示す。新聞・小説などから実例を付し, 関連語, 参考欄を設けて読んでも楽しめるものとした。英語を使う人のための辞典。

● 四六版・上製・914頁
本体 4,600 円

大修館書店　　書店にない場合やお急ぎの方は, 直接ご注文ください。Tel. 03-5999-5434

定価＝本体＋税5％（2010年8月現在）